Lesehefte für den Literaturunterricht

In erster Folge herausgegeben von:
Klaus Göbel und Wolfgang Schemme
in Verbindung mit
Dagmar Grenz, Reiner Friedrichs und Rainer Siegle

Heinrich Böll

Im Tal der donnernden Hufe

mit Materialien
zusammengestellt von Peter Jansen

Ernst Klett Verlag
Stuttgart Düsseldorf Leipzig

Gedruckt auf Papier aus chlorfrei gebleichtem Zellstoff, säurefrei.

2. Auflage A 2 17 16 15 14 | 2004 2003 2002 2001

Alle Drucke dieser Auflage können im Unterricht nebeneinander benutzt werden, sie sind untereinander unverändert. Die letzte Zahl bezeichnet das Jahr dieses Druckes.

Internetadresse: http://www.klett-verlag.de
Umschlag: Manfred Muraro, Stuttgart.
Druck: Wilhelm Röck, Weinsberg.
ISBN 3-12-260570-8

Im Tal der donnernden Hufe

[1957]

I

Der Junge merkte nicht, dass er jetzt an der Reihe war. Er starrte auf die Fliesen des Ganges, der das Seitenschiff vom Mittelschiff trennte; rot waren sie und weiß, wabenförmig, die roten waren weiß, die weißen rot gesprenkelt; schon konnte er die weißen nicht mehr von den roten unterscheiden, die Platten verschmolzen ineinander und die dunkle Spur der Zementfugen war verwischt, der Boden schwamm vor seinem Blick wie ein Kiesweg aus roten und weißen Splittern; Rot stach, Weiß stach, wie ein schmutziges Netz lagen die Fugen unklar gegenüber.

„Du bist an der Reihe", flüsterte eine junge Frau neben ihm, er schüttelte den Kopf, wies vage mit dem Daumen auf den Beichtstuhl und die Frau ging an ihm vorüber; für einen Augenblick wurde der Lavendelgeruch stärker; dann hörte er das Murmeln, das schabende Geräusch ihrer Schuhe an der Holzstufe, auf der sie kniete.

Sünden, dachte er, Tod, Sünden; und die Heftigkeit, mit der er die Frau plötzlich begehrte, quälte ihn; er hatte nicht einmal ihr Gesicht gesehen; sanfter Lavendelgeruch, eine junge Stimme, das leichte und doch so harte Geräusch ihrer hohen Absätze, als sie die vier Schritte bis zum Beichtstuhl ging: Dieser Rhythmus der harten und doch so leichten Absätze war nur ein Fetzen der unendlichen Melodie, die ihm Tage und Nächte hindurch in den Ohren brauste. Abends lag er wach, bei offenem Fenster, hörte sie draußen übers Pflaster gehen, über den Asphalt des Gehsteigs: Schuhe, Absätze, hart, leicht, ahnungslos; Stimmen hörte er, Geflüster, Lachen unter den Kastanienbäumen. Es gab zu viele von ihnen und sie waren zu schön: Manche öffneten ihre Handtaschen, in der Straßenbahn, an der Kinokasse, auf der Ladentheke, ließen ihre offenen Handtaschen in Autos liegen und er konnte hineinsehen: Lippenstifte, Taschentücher, loses Geld, zusammengeknüllte Fahrscheine, Zigarettenschachteln, Puderdosen. Immer noch quälten sich seine Augen den Fliesenweg hinauf und hinunter; dornig war dieser Weg und endlos.

„Sie sind doch an der Reihe", sagte eine Stimme neben ihm und er blickte auf: Es geschah nicht oft, dass jemand „Sie" zu ihm sagte. Ein kleines Mädchen, rotwangig mit schwarzem Haar. Er lächelte dem Mädchen zu, winkte auch ihr mit dem Daumen. Ihre flachen Kinderschuhe waren ohne Rhythmus. Flüstern dort rechts von ihm. Was hatte er gebeichtet, als er in ihrem Alter war? Ich habe genascht. Ich habe gelogen. Ungehorsam. Schularbeiten nicht gemacht. Ich habe genascht: Zuckerdose, Kuchenreste, Weingläser mit den Resten von Erwachsenenfestlichkeiten, Zigarrenstummel. Ich habe genascht.

„Du bist an der Reihe." Schon winkte er mechanisch. Männerschuhe, Flüstern und die Aufdringlichkeit dieses sanften Nach-nichts-Riechens.

Wieder fielen seine Augen in die roten und weißen Splitter des Ganges. Seine bloßen Augen schmerzten so heftig, wie seine bloßen Füße auf dem rauen Kiesweg geschmerzt hätten. Die Füße meiner Augen, dachte er, wandern um ihre Münder wie um rote Seen herum. Die Hände meiner Augen wandern über ihre Haut.

Sünde, Tod und die anmaßende Unaufdringlichkeit dieses Nach-nichts-Riechens. Wenn es doch einen gäbe, der nach Zwiebeln röche, nach Gulasch, Kernseife oder Motor, nach Pfeifentabak, Lindenblüten oder Straßenstaub, nach dem wilden Schweiß sommerlicher Mühsal, aber sie rochen alle unaufdringlich, rochen nach gar nichts.

Er hob den Blick über den Gang hinweg, ließ ihn dort drüben ruhen, wo die knieten, die schon absolviert waren und ihre Bußgebete verrichteten. Dort drüben roch es nach Samstag, nach Frieden, Badewasser, Seife, frischem Mohnbrot, nach neuen Tennisbällen, wie seine Schwestern sie sich samstags vom Taschengeld kauften, es roch nach dem klaren, feinen Öl, mit dem Vater samstags immer seine Pistole reinigte: Schwarz war sie, glänzend, seit zehn Jahren nicht benutzt, ein makelloses Andenken aus dem Krieg, unauffällig, zwecklos; sie diente nur der Erinnerung, zauberte Glanz auf Vaters Gesicht, wenn er sie auseinander nahm und reinigte; Glanz vergangener Herrschaft über den Tod, der aus den blassen, silbrig glänzenden Magazinen durch einen leichten Federdruck in den Lauf nachgeschoben werden konnte. Einmal in der Woche am Samstag vor dem Stammtisch diese Feierstunde des Zerlegens, Betastens, Ölens der schwarzen Glieder, die auf dem blauen Lappen ausgebreitet lagen wie die eines sezierten Tiers: der Rumpf, die große Metallzunge des Hahns, die kleineren Innereien, Gelenke und Schräubchen; er durfte zuschauen, gebannt stand er da, stumm vor dem Zauber, der auf Vaters Gesicht lag; hier wurde der Kult eines Instruments zelebriert, das auf eine so offenbare und erschreckende Weise seinem Geschlecht glich; der Same des Todes wurde aus dem Magazin nachgeschoben. Auch das kontrollierte Vater: ob die Federn der Magazine noch funktionierten. Sie funktionierten noch und der Sicherungsflügel bannte den Samen des Todes im Lauf; mit dem Daumen, durch eine winzige zärtliche Bewegung, konnte man ihn befreien, aber Vater befreite ihn nie; zärtlich schoben seine Finger die einzelnen Teile wieder ineinander, bevor er die Pistole unter alten Scheckbüchern und Kontoauszügen begrub.

„Du bist an der Reihe." Er winkte wieder. Flüstern. Gegengeflüster. Der aufdringliche Geruch von Nichts.

Auf dieser Seite des Ganges, hier roch es nach Verdammnis, Sünde, der klebrigen Gemeinheit der übrigen Wochentage, von denen der Sonntag der schlimmste war: Langeweile, während auf der Terrasse die Kaffeemaschine summte. Langeweile in der Kirche, im Gartenrestaurant, im Bootshaus, Kino oder im Café, Langeweile in den Weinbergen oben, wo das Wachstum des „Zischbrunner Mönchsgartens" kontrolliert wurde, schlanke Finger, die in schlüpfriger Kennerschaft an Trauben herumtasteten; Langeweile, die keinen anderen Ausweg als Sünde anzubieten schien. Überall sah man sie: grünes, rotes, braunes Leder von Handtaschen. Drüben im Mittelschiff sah er den rostfarbenen Mantel der Frau, die er vorgelassen hatte. Er sah ihr Profil, die zarte Nase, die bräunliche Haut, den dunklen Mund, sah ihren Trauring, die hohen Absätze, diese zerbrechlichen Instrumente, in denen die tödliche Melodie sich verbarg: Er hörte sie davongehen, einen langen, langen Weg über harten Asphalt, dann über holpriges Pflaster: das leichte und so harte Stakkato der Sünde. Tod, dachte er, Todsünde.

Nun ging sie tatsächlich: Sie knipste ihre Handtasche zu, stand auf, kniete nieder, bekreuzigte sich, und ihre Beine teilten den Schuhen, die Schuhe den Absätzen, die Absätze den Fliesen den Rhythmus mit.

Der Gang erschien ihm wie ein Strom, den er nie durchqueren würde: Für immer würde er am Ufer der Sünde bleiben. Vier Schritte nur trennten ihn von der Stimme, die lösen und binden konnte, sechs nur waren es bis ins Mittelschiff, wo Samstag herrschte, Frieden, Lossprechung – aber er machte nur zwei Schritte bis zum Gang, erst langsam, dann lief er wie aus einem brennenden Haus hinaus.

Als er die Ledertür aufstieß, trafen ihn Licht und Hitze zu plötzlich, für Augenblicke war er geblendet, seine linke Hand schlug gegen den Türrahmen, das Gebetbuch fiel auf den Boden, er spürte heftigen Schmerz im Handrücken, bückte sich, hob das Buch auf, ließ die Tür zurückpendeln und blieb im Windfang stehen, um die geknickte Seite des Gebetbuches zu glätten. „Die vollkommene Reue“ las er, bevor er das Buch zuklappte; er steckte es in die Hosentasche, rieb mit der rechten Hand über den schmerzenden Handrücken der linken und öffnete vorsichtig die Tür, indem er mit dem Knie dagegenstieß: Die Frau war nicht mehr zu sehen, der Vorplatz war leer, Staub lag auf den dunkelgrünen Blättern der Kastanien; an der Laterne stand ein weißer Eiskarren, am Haken der Laterne hing ein grauer Leinensack mit Abendzeitungen. Der Eismann saß auf dem Bordstein und las in der Abendzeitung, der Zeitungsverkäufer hockte auf einem Holmen des Eiskarrens und leckte an einer Portion Eis. Eine vorüberfahrende Straßenbahn war fast leer: Nur ein Junge stand auf der hinteren Plattform und schwenkte eine grüne Badehose durch die Luft.

Langsam stieß Paul die Tür auf, ging die Stufen hinunter; schon nach wenigen Schritten schwitzte er, es war zu heiß und zu hell, und er sehnte sich nach Dunkelheit.

Manchmal kamen Tage, an denen er alles hasste, nur sich selbst nicht, aber heute war es wie an den meisten Tagen, an denen er nur sich selbst hasste und alles liebte: die offenen Fenster in den Häusern rings um den Platz; weiße Gardinen, das Klirren von Kaffeegeschirr, Männerlachen, den blauen Zigarrenrauch, von jemand ausgestoßen, den er nicht sah; dichte blaue Wolken kamen aus dem Fenster über der Sparkasse; weißer als frischer Schnee war die Sahne auf einem Stück Kuchen, das ein Mädchen im Fenster neben der Apotheke in der Hand hielt, weiß auch die Sahnespur rings um ihren Mund.

Die Uhr über der Sparkasse zeigte halb sechs.

Paul zögerte einen Augenblick, als er den Eiskarren erreicht hatte, einen Augenblick zu lange, sodass der Eismann vom Bordstein aufstand, die Abendzeitung zusammenfaltete, und Paul konnte in der ersten Zeile der Titelseite lesen: „Chruschtschew“ und in der zweiten Zeile: „offenes Grab“; er ging weiter, der Eismann entfaltete die Zeitung wieder und setzte sich kopfschüttelnd auf den Bordstein zurück.

Als Paul um die Ecke an der Sparkasse vorbeigegangen war und um die zweite Ecke bog, konnte er die Stimme des Ansagers hören, der unten am Flussufer das nächste Rennen der Regatta ankündigte: Herrenvierer – Ubia, Rhenus, Zischbrunn 67. Es schien Paul, als rieche und höre er den Fluss, von dem er vierhundert Meter entfernt war: Öl und Algen, den bitteren Rauch der Schleppzüge, das Klatschen der Wellen, wenn die Raddampfer stromabwärts fuhren, das Tuten lang ausheulender Sirenen am Abend; Lampions in den Gartencafés, Stühle, so rot, dass sie wie Flammen im Gebüsch zu brennen schienen.

Er hörte den Startschuss, Rufe, Sprechchöre, die zunächst klar im Rhythmus der Ruderschläge riefen: „Zischbrunn, Rhe-nuss, U-bja“, dann sich ineinander verhedderten: „Rhe-brunn, Zisch-nuss, Bja-Zisch-U-nuss.“

Viertel nach sieben – dachte Paul, bis Viertel nach sieben wird die Stadt so leer bleiben, wie sie jetzt ist. Bis hier oben hin standen die parkenden Autos, leer, heiß, stanken nach Öl und Sonne, standen unter Bäumen, zu beiden Seiten der Straße, in Einfahrten.

Als er um die nächste Ecke bog, den Strom und die Berge übersehen konnte, sah er die parkenden Autos oben auf den Hängen, auf dem Schulhof, sie hatten sich bis in die Einfahrten zu den Weinbergen vorgedrängt. In den stillen Straßen, durch die er ging, standen sie zu beiden Seiten, verstärkten den Eindruck der Verlassenheit; Schmerz verursachte ihm die blitzende Schönheit der Autos, blanke Eleganz, gegen die sich die Besitzer durch hässliche Maskottchen zu schützen schienen: Affenfratzen, grinsende Igel, Zebras, verzerrt, mit gebleckten Zähnen, Zwerge mit tödlichem Grinsen über fuchsigen Bärten.

Deutlicher drangen die Sprechchöre hierher, heller die Rufe, dann die Stimme des Ansagers, der den Sieg des Zischbrunner Vierers verkündete. Applaus, ein Tusch, dann das Lied: „Zischbrunn, so an den Höhen gelegen, vom Flusse gekost, vom Weine genährt, von schönen Frauen verwöhnt …“ Trompeten pufften die langweilige Melodie wie Seifenblasen in die Luft.

Als er in eine Toreinfahrt einbog, war es plötzlich still. In diesen Hof hinter dem Haus der Griffduhnes drang der Lärm vom Fluss her nur gedämpft; von Bäumen gefiltert, von alten Schuppen aufgefangen, von Mauern verschluckt, klang die Stimme des Ansagers schüchtern herauf: „Damenzweier.“ Der Startschuss klang wie die Explosion einer Kinderpistole, Sprechchöre wie Gesang, der hinter Mauern geübt wird.

Jetzt also schlugen die Schwestern die Paddel ins Wasser, wurden ihre derben Gesichter ernst, Schweißperlen traten auf die Oberlippe, dunkel färbten sich die gelben Stirnbänder; jetzt schraubte die Mutter das Fernglas zurecht, stieß mit dem Ellenbogen Vaters Hände weg, die nach dem Fernglas zu greifen versuchten. „Zisch-Zisch-Brunn-Brunn“ brüllte ein Sprechchor, der die anderen übertönte, nur hin und wieder drang kläglich eine Silbe durch: „U-nuss, Rhe-bja“, dann Gebrüll, das hier im Hof klang, als käme es aus einem gedrosselten Radioapparat. Der Zischbrunner Zweier hatte gewonnen:

Entspannt waren jetzt die Gesichter der Schwestern, sie rissen die schweißdunklen Stirnbänder herunter, paddelten ruhig aufs Zielboot zu, winkten den Eltern.

„Zisch-Zisch", riefen die Freunde, „Hoch! Zisch!"

Über ihre Tennisbälle, dachte Paul, rotes Blut über die weißen haarigen Bälle.

„Griff", rief er leise, „bist du oben?"

„Ja", antwortete eine müde Stimme, „komm rauf!"

Die hölzerne Stiege war voll gesogen mit Sommerhitze, es roch nach Teer und nach Seilen, die schon seit zwanzig Jahren nicht mehr verkauft wurden. Griffs Großvater hatte noch alle diese Schuppen, Gebäude, Mauern besessen. Griffs Vater besaß kaum noch ein Zehntel davon, und: „Ich", sagte Griff immer, „ich werde nur noch den Taubenschlag besitzen, in dem mein Vater früher einmal Tauben hielt. Man kann sich bequem darin ausstrecken und ich werde dort hocken und den dicken Zeh meines rechten Fußes betrachten, weil sich keiner mehr dafür interessiert."

Hier oben waren die Wände mit alten Fotos tapeziert. Dunkelrot waren die Bilder, fast fuchsig, ihr Weiß war wolkig und gelblich geworden: Picknicks der neunziger, Regatten der zwanziger, Leutnants der vierziger Jahre; junge Mädchen, die als Großmütter vor dreißig Jahren gestorben waren, blickten wehmütig über den Flur auf ihre Lebensgefährten: Weinhändler, Seilhändler, Werftbesitzer, deren biedermeierliche Wehmut Daguerres frühe Jünger auf die Platte gebannt hatten; ein Student aus dem Jahre 1910 blickte ernst auf seinen Sohn: einen Fähnrich, der am Peipus-See erfroren war. Gerümpel stand auf dem Flur, dazwischen ein modisches Bücherbrett mit Einmachgläsern, leeren, in denen die schlaffen roten Gummiringe zusammengerollt lagen, volle, deren Inhalt nur an wenigen Stellen durch den Staub hindurch zu sehen war; dunkles Pflaumenmus oder Kirschen, deren Röte kraftlos war, blass wie die Lippen kränklicher Mädchen.

Griffduhne lag mit entblößtem Oberkörper auf dem Bett; seine weiße, eingefallene Brust stach erschreckend gegen seine roten Wangen ab: Er sah aus wie eine Mohnblume, deren Stiel schon abgestorben ist. Ein rohleinenes Betttuch hing vor dem Fenster, wie geröntgt von der Sonne waren Flecken darin sichtbar; das Sonnenlicht drang, zu einer gelben Dämmerung gefiltert, ins Zimmer. Schulbücher lagen auf der Erde, eine Hose hing über dem Nachttisch, Griffs Hemd über dem Waschbecken; ein Jackett aus grünem Samt hing an seinem Nagel an der Wand zwischen dem Kruzifix und Fotos aus Italien: Esel, Steilküste, Kardinäle. Ein offenes Glas Pflaumenmus, in dem ein Blechlöffel stak, stand auf dem Fußboden neben dem Bett.

„Sie rudern schon wieder; Rudern, Paddeln, Wassersport – das sind so ihre Probleme. Tanz, Tennis, Winzerfest, Abschlussfeier. Lieder. Bekommt das Rathaus goldene, silberne oder kupferne Säulen? Mein Gott, Paul“, sagte er leise, „bist du tatsächlich dort gewesen?“

„Ja.“

„Und?“

„Nichts, ich bin wieder gegangen. Ich konnte nicht. Es ist sinnlos. Und du?“

„Ich geh schon lange nicht mehr hin. Wozu? Ich habe darüber nachgedacht, welches die richtige Größe für unser Alter ist: Ich bin zu groß für vierzehn, sagen sie, du bist zu klein für vierzehn. Kennst du einen, der die richtige Größe hat?“

„Plokamm hat die richtige Größe.“

„Na, und möchtest du sein wie er?“

„Nein.“

„Na, siehst du“, sagte Griff, „es gibt ...“ Er stutzte, schwieg, beobachtete Pauls Blick, der suchend und unruhig durchs Zimmer glitt. „Was ist los? Suchst du was?“

„Ja“, sagte Paul, „wo hast du sie?“

„Die Pistole?“

„Ja, gib sie mir.“ Über dem Karton mit den frischen Tennisbällen werde ich es tun, dachte er. „Komm“, sagte er heftig, „rück sie raus.“

„Ach“, sagte Griff, schüttelte den Kopf, nahm verlegen den Löffel aus dem Pflaumenmus, steckte ihn wieder ins Glas, legte die Hände ineinander. „Nein, lass uns lieber rauchen. Wir haben Zeit bis Viertel nach sieben. Rudern, Paddeln – vielleicht wird es noch später. Gartenfest. Lampions. Siegerehrung. Deine Schwestern haben im Zweier gewonnen. Zisch, zisch, zisch …“, machte er leise.

„Zeig mir die Pistole.“

„Ach, wozu.“ Griff richtete sich auf, packte das Einmachglas und warf es gegen die Wand: Scherben fielen herunter, der Löffel schlug auf die Kante des Bücherbords, von dort fiel er im Salto vors Bett. Das Mus klatschte auf ein Buch, auf dem „Algebra I“ stand, ein Rest floss in sämiger Bläue über die gelbe Tünche der Wand, verfärbte sich grünlich. Ohne Bewegung, ohne ein Wort zu sprechen, blickten die Jungen auf die Wand. Als der Lärm des Aufschlags verklungen, der letzte Rest Brühe heruntergeflossen war, blickten sie sich erstaunt an: Das Zerschmettern des Glases hatte sie nicht berührt.

„Nein“, sagte Paul, „das ist nicht das Richtige. Die Pistole ist besser, vielleicht auch Feuer, ein Brand oder Wasser – am besten die Pistole. Töten.“

„Wen denn?“, fragte der Junge auf dem Bett; er beugte sich herunter, hob den Löffel auf, leckte ihn ab und legte ihn mit zärtlicher Behutsamkeit auf den Nachttisch.

„Wen denn?“

„Mich“, sagte Paul heiser, „Tennisbälle.“

„Tennisbälle?“

„Ach nichts, gib sie mir. Jetzt.“

„Gut“, sagte Griff, er riss das Betttuch beiseite, sprang auf, stieß die Scherben des Glases mit dem Fuß weg, bückte sich und nahm einen schmalen braunen Karton aus dem Bücherbord. Der Karton war nur wenig größer als eine Zigarettenschachtel.

„Was“, sagte Paul, „das ist sie? Da drin?“

„Ja“, sagte Griff, „das ist sie.“

„Und damit hast du auf dreißig Meter Entfernung achtmal auf eine Konservendose geschossen und hast siebenmal getroffen?“

„Ja, siebenmal“, sagte Griff unsicher, „willst du sie nicht mal ansehen?“

„Nein, nein“, sagte Paul; er blickte zornig auf den Karton, der nach Sägemehl roch, nach der Masse, in die Knallkorken eingebettet waren. „Nein, nein, ich will sie nicht ansehen. Zeig mir die Munition.“

Griff bückte sich. Aus seinem langen, blassen Rücken sprangen die Wirbelknochen heraus, verschwanden wieder, und diesmal hatte er den Karton, der so groß war wie eine Zündholzschachtel, schnell geöffnet. Paul nahm eins von den kupfernen Geschossen, hielt es zwischen zwei Fingerspitzen, wie um seine Länge zu prüfen, drehte es hin und her, betrachtete kopfschüttelnd den runden, blauen Kopf des Geschosses. „Nein“, sagte er, „da ist doch nichts dran. Mein Vater hat eine – ich werde die von meinem Vater holen.“

„Die ist doch weggeschlossen“, sagte Griff.

„Ich werde sie schon kriegen. Es muss nur vor halb acht sein. Dann reinigt er sie immer, bevor er zum Stammtisch geht, nimmt sie auseinander: Sie ist groß, schwarz und glatt, schwer, und die Geschosse sind dick, so“ – er zeigte es – „und …“, er schwieg, seufzte: über den Tennisbällen, dachte er.

„Willst du dich denn wirklich erschießen, richtig?“

„Vielleicht“, sagte Paul. Die Füße meiner Augen sind wund, die Hände meiner Augen sind krank, dachte er. „Ach, du weißt doch.“

Griffs Gesicht wurde plötzlich dunkel und starr, er schluckte, ging auf die Tür zu, wenige Schritte nur; dort blieb er stehen.

„Du bist doch mein Freund“, sagte er, „oder nicht?“

„Doch.“

„Dann hol auch ein Glas und wirf es an die Wand. Willst du das tun?“

„Wozu?“

„Meine Mutter“, sagte Griff, „meine Mutter hat gesagt, sie will sich das Zimmer ansehen, wenn sie von der Regatta kommt, will sehen, ob ich mich gebessert habe. Ordnung und so. Sie hat sich über mein Zeugnis geärgert. Sie soll sich mein Zimmer ansehen – holst du das Glas jetzt?“

Paul nickte, ging auf den Flur hinaus und hörte Griff rufen:

„Nimm Mirabellenmarmelade, wenn noch welche da ist. Was Gelbes würde gut aussehen, netter als dieser rötlich-blaue Schmier.“ Paul wischte im Halbdunkel draußen an den Gläsern herum, bis er ein gelbes entdeckt hatte. Sie werden es nicht begreifen, dachte er, keiner wird es begreifen, aber ich muss es tun; er ging ins Zimmer zurück, hob die rechte Hand und warf das Glas gegen die Wand. „Es ist nicht das Richtige“, sagte er leise, während sie beide die Wirkung des Wurfes beobachteten, „es ist nicht das, was ich möchte.“

„Was möchtest du denn?“

„Ich möchte was zerstören“, sagte Paul, „aber nicht Gläser, nicht Bäume, nicht Häuser – ich will auch nicht, dass deine Mutter sich ärgert oder meine; ich liebe meine Mutter, auch deine – es ist so sinnlos.“

Griff ließ sich aufs Bett zurückfallen, bedeckte sein Gesicht mit den Händen und murmelte: „Kuffang ist zu diesem Mädchen gegangen."

„Zu der Prohlig?" – „Ja."

„Ach", sagte Paul, „bei der war ich auch."

„Du?"

„Ja. Sie ist nicht ernst. Kichert da im Hausflur herum – dumm, sie ist dumm. Weiß nicht, dass es Sünde ist."

„Kuffang sagt, dass es schön ist."

„Nein, ich sage dir, es ist nicht schön. Kuffang ist auch dumm, du weißt doch, dass er dumm ist."

„Ich weiß es, aber was willst du tun?"

„Nichts mit Mädchen – die kichern. Ich habe es versucht. Sie sind nicht ernst – kichern da herum." Er ging zur Wand, schmierte mit dem Zeigefinger durch den großen Klecks Mirabellenmus. „Nein", sagte er, ohne sich umzuwenden, „ich gehe, ich hole die Pistole meines Vaters."

Über die Tennisbälle, dachte er. Sie sind so weiß wie gewaschene Lämmer. Über die Lämmer hin das Blut.

„Frauen", sagte er leise, „nicht Mädchen".

Der gefilterte Lärm von der Regatta her drang schwach ins Zimmer. Herrenachterrudern. Zischbrunn. Diesmal gewann Rhenus. Langsam trocknete das Mus an der hölzernen Wand, wurde hart wie Kuhfladen, Fliegen summten im Zimmer umher, süßlich roch es, Fliegen krochen über Schulbücher, Kleider, flogen gierig von einem Klecks, von einer Pfütze zur anderen, zu gierig, um auf einer Pfütze zu verharren. Die beiden Jungen rührten sich nicht. Griff lag auf dem Bett, starrte an die Decke und rauchte. Paul hockte auf der Bettkante, nach vorne gebeugt wie ein alter Mann; tief in ihm, über ihm, an ihm haftete eine Last, für die er keinen Namen wusste, dunkel war sie und schwer. Plötzlich stand er auf, lief auf den

Gang hinaus, ergriff eins der Einmachgläser, kam ins Zimmer zurück, hob das Glas – aber er warf nicht; er blieb mit dem Glas in der erhobenen Hand stehen, langsam sank sein Arm, der Junge setzte das Glas ab, auf einen Papiersack, der dort zusammengefaltet auf dem Bücherbord lag. „Hosen-Fürst“, stand auf dem Papiersack, „Hosen nur von Hosen-Fürst“.

„Nein“, sagte er, „ich geh und hol sie.“

Griff blies den Rauch seiner Zigarette auf die Fliegen zu, zielte dann mit dem Stummel auf eine der Pfützen, Fliegen flogen hoch, setzten sich zögernd um den qualmenden Stummel herum, der langsam ins Mus hineinsank und verzischte.

„Morgen Abend“, sagte er, „werde ich in Lübeck sein, bei meinem Onkel; fischen werden wir, segeln und baden in der Ostsee; und du, du wirst morgen im Tal der donnernden Hufe sein.“ Morgen, dachte Paul, der sich nicht rührte, morgen will ich tot sein. Blut über die Tennisbälle, dunkelrot wie im Fell des Lammes; das Lamm wird mein Blut trinken. O Lamm. Den kleinen Lorbeerkranz der Schwestern werde ich nicht mehr sehen: „Den Siegerinnen im Damen-Zweier“, schwarz auf gold; oben wird er hängen zwischen den Ferienfotos aus Zalligkofen, zwischen vertrockneten Blumensträußen und Katzenbildern; neben dem eingerahmten „Zeugnis der mittleren Reife“, das über Rosas Bett hing, neben dem Diplom fürs Fahrtenschwimmen, das über Franziskas Bett hing; zwischen den Farbdrucken der Schutzpatroninnen: Rosa von Lima, Franziska Romana; neben dem anderen Lorbeerkranz: „Den Siegerinnen im Damen-Doppel“; unter dem Kruzifix. Hart wird das dunkelrote Blut im Flaum der Tennisbälle kleben, Blut des Bruders, der den Tod der Sünde vorzog.

„Einmal muss ich es sehen, das Tal der donnernden Hufe“, sagte Griff, „ich muss dort oben sitzen, wo du immer sitzt, muss sie hören, die Pferde, wie sie den Pass heraufkommen, zum See hinuntergaloppieren, hören muss ich, wie ihre Hufe in der engen Schlucht donnern – wie ihr Wiehern über die Bergeshöhen hinausfließt – wie – wie eine leichte Flüssigkeit."

Paul blickte verächtlich auf Griff, der sich aufgerichtet hatte und begeistert beschrieb, was er nie gesehen hatte: Pferde, viele, die über den Pass kamen, mit donnernden Hufen ins Tal galoppierten. Aber es war nur *eins* dort gewesen, und nur *ein*mal: ein junges, das aus der Koppel gestürmt, zum See hinuntergelaufen war, und das Geräusch der Hufe war nicht wie Donnern gewesen, nur wie Klappern, und so lange schon war es her, drei, vielleicht vier Jahre.

„Und du", sagte er leise, „wirst also fischen gehen und segeln, baden, und die kleinen Bäche hinaufwandern in Wasserstiefeln, und Fische mit der Hand fangen."

„Ja", sagte Griff müde, „mein Onkel fängt Fische mit der Hand, sogar Lachse, ja –" Er sank aufs Bett zurück und seufzte. Sein Onkel in Lübeck hatte noch nie einen Fisch gefangen, nicht einmal mit der Angel oder im Netz, und er, Griff, zweifelte daran, ob es in der Ostsee und den kleinen Bächen dort überhaupt Lachse gab. Sein Onkel besaß nur eine kleine Marinadenfabrik; in alten Schuppen auf dem Hinterhof wurden die Fische aufgeschlitzt, ausgenommen, eingesalzen oder eingelegt, in Öl oder Tomatenbrühe; sie wurden in Büchsen gepresst von einer alten Maschine, die sich wie ein müder Amboss stöhnend über die winzigen Büchsen warf, die Fische ins Weißblech einsperrte. Klumpen feuchten Salzes lagen auf dem Hof herum, Gräten und Fischhaut, Schuppen und Eingeweide, Möwen kreischten, und helles rotes Blut spritzte auf die weißen Arme der Arbeiterinnen, rann wässerig von den Armen herunter.

„Lachse“, sagte Griff, „sind glatt, silbern und rosa, stark sind sie, viel zu schön, um gegessen zu werden; wenn du sie in der Hand hältst, kannst du ihre starken Muskeln spüren.“

Paul schauderte: Sie hatten Weihnachten einmal Lachs aus Büchsen gegessen, eine kittfarbene Masse, von rosigem Saft umspült, mit Splittern von Gräten durchsetzt.

„Und du kannst sie in der Luft fangen, wenn sie springen“, sagte Griff; er erhob sich, kniete sich aufs Bett, warf die gespreizten Hände in die Luft, näherte sie einander, bis sie wie zu einem Würgegriff bereit standen; diese starren Hände, das unbewegte Gesicht des Jungen, alles schien zu jemand zu gehören, der eine strenge Gottheit anbetet: Das sanfte gelbe Licht umfloss diese starren Jungenhände, gab dem roten Gesicht eine dunkle, bräunliche Färbung – „So“, sagte Griff leise, schnappte dann mit den Händen nach dem Fisch, der nicht da war, ließ die Hände plötzlich herunterfallen, schlaff, wie tot an seiner Seite herunterbaumeln. „Ach“, sagte er, sprang vom Bett herunter, nahm den Karton mit der Pistole vom Bücherbrett, öffnete ihn, bevor Paul sich abwenden konnte, und hielt ihm die offene Unterseite des Kartons mit der Pistole hin. „Sieh sie dir jetzt an“, sagte er, „sieh sie dir an.“ Die Pistole sah kläglich aus, nur in der Härte des Materials unterschied sie sich von einer Kinderpistole, sie war noch flacher, nur die Gediegenheit des Nickels gab ihr ein wenig Glanz und eine Spur von Ernst. Griffduhne warf den offenen Karton mit der Pistole in Pauls Schoß, nahm das verschlossene Einmachglas vom Bücherbord, schraubte den Deckel ab, löste den fauligen Gummiring aus der Fuge, nahm die Pistole aus dem Karton, versenkte sie langsam im Mus; die Jungen beobachteten beide, wie der Spiegel des Eingemachten sich nur wenig hob, kaum über die Verengung des Halses hinaus. Griff legte den Gummiring wieder in die Fuge, schraubte den Deckel auf und stellte das Glas auf das Bücherbord zurück.

„Komm“, sagte er und sein Gesicht war wieder hart und dunkel, „komm, wir holen uns deines Vaters Pistole.“

„Du kannst nicht mitgehen“, sagte Paul. „Ich muss ins Haus einsteigen, weil sie mir keinen Schlüssel gegeben haben, von hinten muss ich rein; es würde auffallen; sie haben mir keinen Schlüssel gegeben, weil sie glauben, dass ich zur Regatta komme.“

„Rudern“, sagte Griff, „Wassersport, das ist es, was sie im Kopf haben.“ Er schwieg und sie lauschten beide zum Fluss hin: Die Rufe der Eisverkäufer waren zu hören, Musik, Trompetenstöße, ein Dampfer tutete.

„Pause“, sagte Griff. „Noch Zeit genug. Gut, geh allein, aber versprich mir, dass du mit der Pistole herkommst. Versprichst du es mir?“

„Ja.“

„Gib mir die Hand.“

Sie gaben sich die Hände: Die waren warm und trocken, und sie wünschten beide, des anderen Hand wäre härter gewesen.

„Wie lange wirst du brauchen?“

„Zwanzig Minuten“, sagte Paul, „ich habe es so oft ausgedacht, aber noch nie getan – mit dem Schraubenzieher. Zwanzig Minuten werde ich brauchen.“

„Gut“, sagte Griff, warf sich auf dem Bett herum und nahm die Armbanduhr aus dem Nachttisch. „Es ist zehn vor sechs, um Viertel nach wirst du zurück sein.“

„Um Viertel nach“, sagte Paul. Er blieb zögernd in der Tür stehen, betrachtete die großen Kleckse an der Wand: gelb und rotblau. Schwärme von Fliegen klebten an den Klecksen, aber keiner von den Jungen rührte eine Hand, sie wegzuscheuchen. Lachen kam vom Flussufer herauf: Die Wasserclowns hatten begonnen, die Pause zu würzen.

Ein „Ah“ kam wie ein großer, sanfter Seufzer, die Jungen blickten erschrocken auf das Betttuch, als erwarteten sie, dass es sich blähen würde, aber es hing schlaff, gelblich, die Schmutzflecke waren dunkler geworden, die Sonne war weiter nach Westen gerückt.

„Wasserski“, sagte Griff, „die Weiber von der Hautcremefirma.“ Ein „Oh“ kam vom Fluss herauf, Stöhnen, und wieder blähte das Betttuch sich nicht.

„Die Einzige“, sagte Griff leise, „die Einzige, die wie eine Frau aussieht, ist die Mirzowa.“ Paul rührte sich nicht. „Meine Mutter“, sagte Griff, „hat den Zettel entdeckt, auf dem die Sachen von der Mirzowa standen – und ihr Bild.“

„Mein Gott“, sagte Paul, „hast du auch einen gehabt?“

„Ja“, sagte Griff, „ja. Ich hab mein ganzes Taschengeld dafür ausgegeben – ich – ich weiß nicht, warum ich es getan habe. Ich hab den Zettel gar nicht gelesen, hab ihn ins Zeugnisheft gesteckt und meine Mutter fand ihn. Weißt du, was draufstand?“

„Nein“, sagte Paul, „nein, es ist sicher gelogen und ich will es nicht wissen. Alles, was Kuffang tut, ist gelogen. Ich will …“

„Geh“, sagte Griff heftig, „geh schnell und hol die Pistole, komm zurück. Du hast es versprochen. Geh, geh.“

„Gut“, sagte Paul, „ich gehe.“ Er wartete noch einen Augenblick, lauschte zum Fluss hin: Lachen drang herauf, Trompetenstöße. „Dass ich nie an die Mirzowa gedacht habe –.“ Und er sagte noch einmal: „Gut“, und ging.

II

Stempel können so sein, dachte sie, Miniaturen oder bunte Medaillen: Scharf ausgestochen waren die Bilder, rund und klar, eine ganze Serie. Sie sah es aus zwölfhundert

Meter Entfernung, durchs Fernglas zwölffach ver-größert: Die Kirche mit Sparkasse und Apotheke, mitten auf dem grauen Platz ein Eiskarren: Das erste Bild, unverbindlich und unwirklich; ein Stück vom Flussufer, darüber als halbrunden Horizont grünes Wasser, Boote darauf, bunte Wimpel, das zweite Bild, die zweite Miniatur. Die Serie ließ sich beliebig erweitern: Hügel mit Wald und Denkmal; drüben – wie hießen sie doch? – Rhenania und Germania, fackeltragende, stabile Weibsbilder mit strengen Gesichtern auf Bronzesockeln, einander zugewandt; Weinberge mit grünen Weinstöcken – salzig kam der Hass in ihr hoch, bitter und wohltuend: Sie hasste den Wein; immer sprachen sie vom Wein, und alles, was sie taten, sangen und glaubten, wurde mit Wein in einen feierlichen Zusammenhang gebracht: aufgedunsene Gesichter, Münder, aus denen saurer Atem kam, heisere Fröhlichkeit, Rülpser, kreischende Weiber, die schwammige Dummheit der Männer, die glaubten, diesem – wie hieß er doch? – Bacchus ähnlich zu sein. Dieses Bild hielt sie lange fest: Dieses kleine Bild klebe ich bestimmt in das Album meiner Erinnerungen ein, rundes Bild aus Grün, Weinberg mit Stöcken. Vielleicht, dachte sie, könnte ich an dich glauben, du, der du ihr Gott bist, wäre es nicht Wein, aus dem dein Blut für sie verwandelt wird, verschwendet an sie, vergossen für diese nichtsnutzigen Dummköpfe. Scharf wird meine Erinnerung sein, so sauer, wie die Trauben um diese Zeit schmecken, wenn man sich eine von den erbsengroßen Beeren abpflückt. Klein waren alle Bilder, klar und zum Einkleben fertig: Miniaturen aus Himmelsblau, Ufergrün, Flussgrün, Fahnenrot, mit Lärm untermischt, der unter die Bilder strömte, wie im Kino, gesprochener Text, hineingeschnittene Musik: Sprechchöre, Hurrarufe, Siegesgeheul, Trompetenklang, Lachen, und die kleinen, weißen Boote darin, so winzig wie

Federn junger Vögel, so leicht auch und so schnell verweht, flink huschten die weißen Federn durchs grüne Wasser; wenn sie den Rand des Fernglases erreicht hatten, brauste der Lärm ein wenig stärker auf. So also werde ich alles in Erinnerung behalten: nur ein kleines Album voll Miniaturen. Eine winzige Drehung am Fernglas und schon verschwamm alles, Rot mit Grün, Blau mit Grau; noch eine Drehung der Schraube und es blieb nur ein runder Fetzen Nebel, in dem Lärm ertönte wie Hilfegeschrei einer verirrten Bergsteigergruppe, Rufe der Rettungsmannschaft.

Sie schwenkte das Glas, wanderte langsam damit über den Himmel, stach sich runde Stücke Blau heraus; so wie die Mutter, wenn sie Plätzchen buk, mit den Blechformen in den gleichmäßig gelben Teig stach, so stach sie in den gleichmäßig blauen Himmel: runde Plätzchen Himmel – blau, viele, viele. Aber auch dort, wo ich hinfahren werde, wird es blauen Himmel geben, wozu also diese Miniaturen ins Album kleben? Weg damit. Langsam ließ sie das Glas gleiten. Vorsicht, dachte sie, jetzt fliege ich, und sie spürte leichten Schwindel, als sie vom Blau des Himmels auf die Bäume der Allee zuflog, in weniger als einer Sekunde mehr als einen Kilometer durchmaß; an den Bäumen vorbei, über den grauen Schiefer des Nachbarhauses – dann sah sie in ein Zimmer hinein: eine Puderdose, eine Madonna, ein Spiegel, ein einzelner schwarzer Männerschuh auf blankem Fußboden; sie flog weiter, zum Wohnzimmer: ein Samowar, eine Madonna, ein großes Familienfoto, die Messingleiste für den Teppich und der braunrote, warme Schimmer von Mahagoni. Sie hielt an, aber noch schwang der Schwindel in ihr nach, pendelte nur langsam aus: Dann sah sie den offenen Karton mit den schneeweißen Tennisbällen in der Diele – wie hässlich diese Bälle aussehen, dachte sie, so wie an

Frauenstatuen, die ich nicht mag, manchmal die Brüste aussehen; die Terrasse: ein Sonnenschirm, ein Tisch mit Decke und schmutzigem Geschirr, eine leere Weinflasche, auf der noch die weiße Stanniolkapsel steckte; o Vater, dachte sie, wie schön, dass ich zu dir fahren werde, und wie schön, dass du kein Weintrinker, sondern ein Schnapstrinker bist.

Vom Garagendach tropfte an einigen Stellen flüssiger Teer; dann erschrak sie, als Pauls Gesicht – vierundzwanzig Meter, unendlich weit und im Fernglas doch nur zwei Meter von ihr entfernt – direkt auf sie zukam. Sein bleiches Gesicht sah aus, als habe er etwas Verzweifeltes vor: Er blinzelte gegen die Sonne an, hatte die Arme mit geballten Fäusten schlaff herunterhängen, so als trüge er etwas, aber er trug nichts; leer waren diese Fäuste, verkrampft, er bog um die Garagenecke, schwitzend, mühsam atmend, sprang auf die Terrasse, Geschirr klirrte auf dem Tisch; er rappelte an der Tür, machte zwei Schritte nach links, schwang sich auf die Fensterbank und sprang ins Zimmer. Silbern sang der Samowar auf, als Paul gegen die Anrichte stieß; im Innern des Schrankes teilten die Ränder der Gläser einander die Erschütterung mit, zirpten noch, als der Junge weiterlief, über die Messingleiste an der Schwelle; bei den Tennisbällen stockte er, bückte sich, berührte die Bälle aber nicht; lange blieb er dort stehen, streckte wieder die Hände aus, fast wie zur Segnung oder Zärtlichkeit, zog plötzlich ein kleines Buch aus der Tasche, warf es auf den Boden, hob es wieder auf, küsste es und legte es auf den kleinen Kasten unter dem Garderobenspiegel; dann sah sie nur noch seine Beine, als er die Treppe hinauflief, und im Zentrum dieser Miniatur blieb der Karton mit den Tennisbällen.

Sie seufzte, senkte das Glas, ließ den Blick lange auf dem Muster des Teppichs ruhen: Rostrot war er, schwarz gemustert mit unzähligen Quadraten, die sich zu Labyrinthen miteinander verbanden, immer sparsamer wurde zur Mitte jedes Labyrinths das Rot, heftiger das Schwarz, stechend fast in seiner Makellosigkeit.

Sein Schlafzimmer lag vorn, zur Straße hin; sie wusste es noch aus der Zeit, als er mit ihr noch hatte spielen dürfen: Es musste ein oder zwei Jahre her sein; sie hatte es so lange gedurft, bis er angefangen hatte, mit so merkwürdiger Hartnäckigkeit auf ihre Brust zu starren, dass es sie im Spiel störte, und sie hatte gefragt: Was guckst du so, willst du es sehen? und er hatte wie im Traum genickt; sie hatte die Bluse geöffnet, und erst, als es zu spät war, hatte sie gewusst, dass es falsch war; dass es falsch war, sah sie nicht einmal in seinen Augen, sondern in den Augen seiner Mutter, die die ganze Zeit über im Zimmer gewesen war, nun herbeikam und schrie, während das Dunkle in ihren Augen hart wurde wie Stein – ach, auch diesen Schrei muss ich auf einer der Schallplatten meiner Erinnerung festhalten; so müssen die Schreie gewesen sein bei den Hexenverbrennungen, von denen der Mann immer erzählte, der mit Mutter diskutieren kam; er sah aus wie ein Mönch, der nicht mehr an Gott glaubt – und die Mutter sah aus wie eine Nonne, die nicht mehr an ihren Gott glaubt: heimgekehrt in dieses Zischbrunn, nach Jahren bitterer Enttäuschung, salzigen Irrtums, konserviert in ihrem verlorenen Glauben an etwas, das Kommunismus hieß, schwimmend in der Lauge der Erinnerung an einen Mann, der Mirzow hieß, Schnaps trank und den Glauben, den sie verlor, nie gehabt hatte; salzig wie ihr Herz waren auch die Worte der Mutter.

Schrei über Teppichmuster hin, zerstörtes Spiel am Boden: Modelle von Eigenheimen, für die sein Vater vor zwanzig Jahren einmal Generalvertreter gewesen war, Häuschen, wie sie seit zwanzig Jahren nicht mehr gebaut wurden; alte Rohrpostbüchsen aus dem Bankhaus, Seilmuster, die der andere Junge – ja, Griff hieß er – beigesteuert hatte; Korken verschiedener Größe, verschiedener Form; Griff war an diesem Nachmittag nicht dabei gewesen. Alles zerstört von diesem Schrei, der für die Zukunft wie ein Fluch an ihr hängen blieb: Sie war das Mädchen, das getan hatte, was man nicht tut.

Während sie seufzte, ruhte ihr Auge lange auf dem rostroten Teppich, bewachte die blinkende Schwelle, auf der seine braunen Halbschuhe wieder erscheinen mussten.

Müde schwenkte sie zum Tisch hinüber: unter dem Sonnenschirm auf der Terrasse ein Obstkorb, dunkelbraunes Geflecht voller Apfelsinenschalen, die Weinflasche mit dem Etikett: „Zischbrunner Mönchsgarten"; Stillleben reihten sich nun nebeneinander, unterströmt vom Lärm der Regatta: schmutzige Teller mit Spuren von Eiskrem; die zusammengefaltete Abendzeitung, sie konnte das zweite Wort der Schlagzeile lesen: „Chruschtschew", das zweite der zweiten Zeile: „offenes Grab"; Zigaretten mit braunem Filtermundstück, andere weiß, im Aschenbecher zerdrückt, ein Prospekt von einer Eisschrankfirma – aber sie hatten doch längst einen! –, eine Streichholzschachtel; rotbraun das Mahagoni, wie gemaltes Feuer auf alten Bildern, strahlend der Samowar auf dem Büfett, silbern und blank, seit Jahren unbenutzt, leuchtend wie eine seltsame Trophäe. Teewagen mit Salzfass und Senftopf, das große Familienfoto: die Kinder mit Eltern am Tisch in einem Ausflugslokal, im Hintergrund der Weiher mit Schwänen, dann die Kellnerin mit dem Tablett, auf dem zwei Bierkrüge und drei Limonadeflaschen standen; vorn die Familie am Tisch: rechts, von der Seite zu sehen, der Vater, hielt eine Gabel vor der Brust, auf die ein Stück Fleisch gespießt war, Nudeln ringelten sich ums Fleisch herum, links die Mutter, zerknüllte Serviette in der linken, einen Löffel in der rechten Hand; in der Mitte die Kinder, mit den Köpfen unter dem Rand des Tabletts der Kellnerin: Eisbecher reichten ihnen bis zum Kinn, Lichtflecken, vom Laub gefiltert, lagen auf ihren Wangen, in der Mitte, eingerahmt von den Lockenköpfen der Schwestern, der, der eben so lange bei den Tennisbällen stehen geblieben, dann nach oben gelaufen war: noch hatten seine braunen Halbschuhe die Messingleiste nicht wieder überschritten.

Wieder die Bälle, rechts davon die Garderobe, Strohhüte, ein Regenschirm, ein Leinenbeutel, aus dem der Stiel einer Schuhbürste hervorsah; im Spiegel das große Bild, das links in der Diele hing: eine Frau, die Trauben pflückte, mit traubigen Augen, traubigem Mund.

Müde setzte sie das Glas ab und ihre Augen stürzten über die verlorene Distanz hinweg, schmerzten, sie schloss sie. Rostrote und schwarze Kreise tanzten hinter ihren geschlossenen Lidern, sie öffnete sie wieder, erschrak, als sie Paul über die Schwelle kommen sah; er hatte etwas in der Hand, das silbern im Sonnenschein blitzte, und diesmal blieb er nicht bei den Tennisbällen stehen; nun, da sie sein Gesicht ohne Glas sah – herausgeworfen war es aus ihrer Sammlung von Miniaturen –, nun war sie sicher, dass er etwas Verzweifeltes tun würde: Wieder sang der Samowar, wieder teilten die Gläser im Innern des Schrankes einander die Erschütterung mit, zirpten wie Weiber, die sich Geheimnisse verraten; Paul kniete in der Fensterecke auf dem Teppich, sie sah von ihm nur noch den rechten Ellenbogen, der sich wie ein Kolben gleichmäßig bewegte, immer wieder nach vorne in einer bohrenden Bewegung verschwand – sie suchte erregt in ihrer Erinnerung, woher sie diese Bewegung kannte, ahmte dieses bohrende Pumpen nach und wusste es: Er hatte einen Schraubenzieher in der Hand; das rot-gelb-karierte

Hemd kam, ging, stand still – Paul flog ein Stück nach rückwärts, sie sah sein Profil, hob das Glas an die Augen, erschrak über die plötzliche Nähe und blickte in die offene Schublade: Blaue Scheckbücher lagen da, waren mit weißer Schnur säuberlich gebündelt, und Kontoauszüge, die in ihren Lochungen durch blaue Schnur verbunden waren; hastig stapelte Paul die Pakete neben sich auf den Teppich, drückte dann etwas an die Brust, das in einen blauen Lappen eingewickelt war, legte es auf den Boden, stapelte die Scheckbücher und Kontoauszüge wieder in die Schublade zurück, und wieder sah sie nur, während das Bündel in dem blauen Lappen neben ihm lag, die pumpende, bohrende Bewegung seines Ellenbogens.

Sie schrie, als er den Lappen abgewickelt hatte: schwarz, glatt, ölig glänzend lag die Pistole in der Hand, die viel zu klein für sie war; es schien, als habe das Mädchen den Schrei durchs Fernglas auf ihn geschossen; er wandte sich um, sie ließ das Glas sinken, kniff die schmerzenden Augen zusammen und rief:

„Paul! Paul!"

Er hielt die Pistole vor seine Brust, als er langsam aus dem Fenster auf die Terrasse kletterte.

„Paul", rief sie, „komm doch durch den Garten hierher."

Er steckte die Pistole in die Tasche, hielt die Hand vor die Augen, ging langsam die Stufen hinunter, über den Rasen, schlurfte über den Kies am Springbrunnen, ließ die Hand sinken, als er plötzlich im Schatten der Laube stand.

„Ach", sagte er, „du bist es."

„Kanntest du meine Stimme nicht mehr?"

„Nein – was willst du?"

„Ich gehe weg", sagte sie.

„Ich geh auch weg", sagte er, „was soll das? Alle gehen weg, fast alle. Ich fahre morgen nach Zalligkofen."

„Nein", sagte sie, „ich geh für immer, zu meinem Vater,

nach Wien –" und es fiel ihr ein: Wien, auch das hatte irgendwas mit Wein zu tun, jedenfalls in den Liedern.

„Wien", sagte er, „dort unten – und da bleibst du?"

„Ja."

Sein Blick, der zu ihr heraufkam, fast senkrecht, unbewegt und wie in Verzückung, erschreckte sie: Ich bin nicht dein Jerusalem, dachte sie, nein, ich bin es nicht, und doch ist dein Blick, wie der Blick der Pilger sein muss, wenn sie die Türme ihrer Heiligen Stadt sehen.

„Ich habe –", sagte sie leise, „alles hab ich gesehen."

Er lächelte. „Komm herunter", sagte er, „komm doch herunter."

„Ich kann nicht", sagte sie, „meine Mutter hat mich eingeschlossen, ich darf nicht raus, bis der Zug fährt, aber du …" Sie schwieg plötzlich, atmete mühsam, flach, die Erregung drückte ihr die Luft ab und sie sagte, was sie nicht hatte sagen wollen:

„Aber du, komm du doch herauf."

Ich bin nicht dein Jerusalem, dachte sie, nein, nein; er senkte den Blick nicht, als er fragte: „Wie soll ich hinaufkommen?"

„Wenn du aufs Dach der Laube kommst, geb ich dir die Hand und helf dir auf die Veranda."

„Ich – es wartet jemand auf mich", aber er prüfte schon die Latten der Pergola auf ihre Festigkeit; sie waren neu vernagelt und neu gestrichen worden, dichtes, dunkles Weinlaub wuchs an den Latten hoch, die sich wie eine Leiter anboten. Schwer schlug ihm die Pistole gegen den Oberschenkel; als er sich an der Wetterfahne hochzog, fiel ihm Griff ein, der jetzt in seiner Bude dort lag, von Fliegen umsummt, mit bleicher Brust und roten Wangen, und Paul dachte an die kleine flache Nickelpistole: Ich muss Griff fragen, ob Nickel oxydiert, dann muss er verhindern, dass sie aus dem Glas essen.

Die Hände des Mädchens waren größer und fester als Griffs Hände, größer und fester auch als seine eigenen: Er spürte es und schämte sich deswegen, als sie ihm half, vom First des Gartenhauses auf die Brüstung der Veranda zu steigen.

Er klopfte sich den Schmutz von den Händen und sagte, ohne das Mädchen anzusehen: „Komisch, dass ich wirklich hier oben bin."

„Ich bin froh, dass du da bist, schon seit drei bin ich eingesperrt." Er blickte vorsichtig zu ihr hin, auf ihre Hand, die den Mantel über der Brust zusammenhielt.

„Warum hast du den Mantel an?"

„Du weißt doch."

„Darum?"

„Ja."

Er ging näher auf sie zu. „Du bist sicher froh, dass du wegkommst?"

„Ja."

„Ein Junge", sagte er leise, „hat heute Morgen in der Schule Zettel verkauft, mit Sachen über dich, und einem Bild von dir."

„Ich weiß", sagte sie, „und er hat gesagt, dass ich Geld abbekomme von dem, was er für die Zettel kriegt, und dass er mich gesehen hat, so wie er mich gemalt hat. Es ist alles nicht wahr."

„Ich weiß das", sagte er, „er heißt Kuffang; er ist dumm und lügt; alle wissen es."

„Aber *das* glauben sie ihm."

„Ja", sagte er, „es ist merkwürdig, das glauben sie ihm."

Sie zog den Mantel noch enger um ihre Brust. „Deshalb muss ich so plötzlich weg, schnell, ehe alle vom Rennen zurück sind – sie lassen mir ja schon lange keine Ruhe. Du stellst deinen Körper zur Schau, sagen sie; sie sagen es, wenn ich ein offenes Kleid anziehe, und sagen es auch, wenn ich ein geschlossenes anziehe – und Pullover: Dann werden sie wild – aber irgendetwas muss ich ja anziehen."

Er beobachtete sie kalt, während sie weitersprach; er dachte: Sie – dass ich nie an sie gedacht habe, nie. Ihr Haar war blond, blond auch erschienen ihm ihre Augen, sie hatten eine Farbe wie frisch gehobeltes Buchenholz: blond und ein wenig feucht.

„Ich stelle meinen Körper gar nicht zur Schau", sagte sie, „ich hab ihn nur."

Er schwieg, schob die Pistole, die ihm schwer auf dem Schenkel lag, mit der rechten Hand ein wenig höher. „Ja", sagte er und sie fürchtete sich; er hatte wieder dieses Traumgesicht: Wie blind war er damals gewesen, diese leeren, dunklen Augen schienen in einer unberechenbaren Brechung auf sie und doch an ihr vorbeizufallen; und auch jetzt wieder sah er wie ein Blinder aus.

„Der Mann", sagte sie hastig, „der manchmal zu meiner Mutter kommt, um mit ihr zu diskutieren, der alte, weißhaarige, kennst du ihn?" – es war still, der Lärm vom Fluss her war zu fern, um diese Stille zu stören – „Kennst du ihn?", fragte sie schärfer.

„Natürlich kenn ich ihn", sagte er, „der alte Dulges."

„Ja, der – er hat mich manchmal so angesehen und gesagt: Vor dreihundert Jahren hätten sie dich als Hexe verbrannt. Knisterndes Frauenhaar, sagte er, und der tausendfache Schrei ihrer dumpfen Seelen, die Schönheit nicht dulden können."

„Warum hast du mich raufgerufen?", fragte er. „Um mir das zu sagen?"

„Ja", sagte sie, „und weil ich sah, was du da machtest."

Er zog die Pistole aus der Tasche, hob sie hoch und wartete lächelnd darauf, dass sie schreien würde, aber sie schrie nicht.

„Was willst du damit tun?"

„Ich weiß nicht, auf was schießen."

„Auf was?"

„Vielleicht auf mich."

„Warum?"

„Warum?", sagte er. „Warum? Sünde, Tod. Todsünde. Verstehst du das?" Langsam, ohne sie zu berühren, schob er sich an ihr vorbei, in die offene Küchentür hinein und lehnte sich seufzend gegen den Schrank; das Bild hing noch da, das er schon so lange nicht mehr gesehen, an das er manchmal gedacht hatte: Fabrikschornsteine, aus denen roter Rauch stieg, viele Rauchfahnen, die sich am Himmel zu einer blutigen Wolke vereinigten. Das Mädchen war in die Tür getreten, hatte sich ihm zugewandt. Schatten lagen über ihrem Gesicht und sie sah wie eine Frau aus.

„Komm herein", sagte er, „man könnte uns sehen, es wäre nicht gut für dich – du weißt."

„In einer Stunde", sagte sie, „werde ich im Zug sitzen, hier – hier ist die Fahrkarte: keine Rückfahrkarte." Sie hielt die braune Karte hoch, er nickte und sie steckte die Karte wieder in die Manteltasche zurück. „Ich werde meinen Mantel ausziehen und einen Pullover anhaben, einen Pullover, verstehst du?"

Er nickte wieder. „Eine Stunde ist eine lange Zeit. Verstehst du, was Sünde ist? Tod. Todsünde?"

„Einmal", sagte sie, „wollte der Apotheker – auch der Lehrer, der bei euch Geschichte gibt."

„Drönsch?"

„Ja, der – ich weiß, was sie wollen; ich weiß aber nicht, was die Worte bedeuten, die sie sagen. Ich weiß auch, was Sünde ist, aber ich verstehe es so wenig wie das, was die Jungen mir manchmal nachriefen, wenn ich allein nach Hause kam, im Dunkeln; aus den Fluren riefen sie es mir nach, aus den Fenstern, aus Autos manchmal, sie riefen mir Sachen nach, von denen ich wusste, was sie bedeuten, aber ich verstand sie nicht. Weißt du's?"

„Ja."

„Was ist es?", sagte sie. „Quält es dich?"

„Ja", sagte er, „sehr."

„Auch jetzt?"

„Ja", sagte er, „quält es dich nicht?"

„Nein", sagte sie, „es quält mich nicht – es macht mich nur unglücklich, dass es da ist und dass andere etwas wollen – und dass sie mir nachrufen. Sag mir doch, warum denkst du daran, dich zu erschießen? Darum?"

„Ja", sagte er, „nur darum. Weißt du, was es heißt: Was du auf Erden binden wirst, wird auch im Himmel gebunden sein?"

„Ich weiß es", sagte sie, „manchmal bin ich in der Klasse geblieben, wenn sie Religion hatten."

„So", sagte er, „dann weißt du vielleicht auch, was Sünde ist. Tod."

„Ich weiß", sagte sie, „glaubst du es wirklich?"

„Ja."

„Alles?"

„Alles."

„Du weißt, dass ich es nicht glaube – aber ich weiß, dass es die schlimmste Sünde ist, sich zu erschießen oder – ich habe es gehört", sagte sie lauter, „mit diesen meinen Ohren", sie zupfte sich mit der linken Hand am Ohr, hielt mit der rechten weiter den Mantel fest, „mit diesen meinen Ohren habe ich gehört, wie der Priester sagte: Man darf Gott das Geschenk des Lebens nicht vor die Füße werfen."

„Geschenk des Lebens", sagte er scharf, „und Gott hat keine Füße."

„Nein?", sagte sie leise, „hat er keine Füße, sind sie nicht durchbohrt worden?"

Er schwieg, errötete dann und sagte: „Ich weiß."

„Ja", sagte sie, „wenn du wirklich alles glaubst, wie du sagst, dann musst du auch das glauben. Glaubst du es?"

„Was?"

„Dass man das Leben nicht wegwerfen darf?"

„Ach", sagte er und hob die Pistole senkrecht in die Luft.

„Komm", sagte sie leise, „tu sie weg. Es sieht so dumm aus. Bitte, tu sie weg."

Er steckte die Pistole in die rechte Tasche, fuhr in die linke und nahm die drei Magazine heraus. Glanzlos lagen die Blechhülsen auf seinem Handteller. „Das wird wohl langen", sagte er.

„Schieß auf etwas anderes", sagte sie, „zum Beispiel auf –"; sie drehte sich und blickte auf sein Elternhaus zurück, durch das offene Fenster.

„Auf die Tennisbälle", sagte sie.

Röte fiel wie Dunkelheit über ihn, seine Hände wurden schlaff, die Magazine fielen aus seiner Hand. „Wie kannst du wissen –?", murmelte er.

„Was wissen?"

Er bückte sich, hob die Magazine vom Boden auf, schob eine Patrone, die herausgefallen war, vorsichtig in die Federung zurück; er blickte durchs Fenster auf das Haus, das offen in der Sonne dalag: Weiß und hart lagen dort hinten die Tennisbälle im Karton.

Hier, in dieser Küche, roch es nach Badewasser, Seife, nach Frieden und frischem Brot, nach Kuchen; rote Äpfel lagen auf dem Tisch, eine Zeitung und eine halbe Gurke, deren Schnittfläche hell war, grün und wässerig, zur Schale hin wurde das Gurkenfleisch dunkel und fest.

„Ich weiß auch", sagte das Mädchen, „was sie gegen die Sünde taten. Ich habe es gehört."

„Wer?"

„Eure Heiligen. Der Priester erzählte davon: Sie schlugen sich, sie fasteten und beteten, keiner von ihnen tötete sich.“ Sie wandte sich dem Jungen zu, erschrak: Nein, nein, ich bin nicht dein Jerusalem.

„Sie waren nicht vierzehn“, sagte der Junge, „nicht fünfzehn.“

„Manche wohl“, sagte sie.

„Nein“, sagte er, „nein, es ist nicht wahr, die meisten bekehrten sich erst, nachdem sie gesündigt hatten.“ Er kam ihr näher, schob sich an der Fensterbank vorbei auf sie zu.

„Du lügst“, sagte sie, „manche haben gar nicht erst gesündigt – ich glaube das ja alles gar nicht – am ehesten glaube ich noch an die Mutter Gottes.“

„Am *ehesten*“, sagte er verächtlich, „aber sie war doch die Mutter *Gottes*.“

Er sah dem Mädchen ins Gesicht, wandte sich ab und sagte leise: „Entschuldige … ja, ja, ich habe es versucht. Gebetet.“

„Und gefastet?“

„Ach“, sagte er, „fasten – ich mach mir nichts aus Essen.“

„Das ist nicht gefastet. Und geschlagen. Ich würde es tun, ich würde mich schlagen, wenn ich glaubte.“

„Du“, sagte er leise, „quält es dich wirklich nicht?“

„Nein“, sagte sie, „es quält mich nicht, etwas zu *tun*, etwas zu sehen, etwas zu sagen – aber dich, ja?“

„Ja.“

„Schade“, sagte sie, „dass du so katholisch bist.“

„Warum schade?“

„Sonst würde ich dir meine Brust zeigen. Ich würde sie dir so gern zeigen – dir –, alle sprechen darüber, die Jungens rufen mir Sachen nach, aber noch nie hat jemand sie gesehen.“

„Noch nie?“

„Nein“, sagte sie, „noch nie.“

„Zeig es mir“, sagte er.

„Es wird nicht dasselbe sein wie damals, du weißt.“

„Ich weiß“, sagte er.

„War es schlimm für dich?“

„Nur, weil Mutter so schlimm war. Sie war ganz außer sich und erzählte es überall. Für mich war es nicht schlimm. Ich hätte es vergessen. Komm“, sagte er.

Ihr Haar war glatt und hart; das überraschte ihn, er hatte geglaubt, es müsse weich sein, aber es war so, wie er sich Glasfäden vorstellte.

„Nicht hier“, sagte sie; sie schob ihn vor sich her, langsam, denn er ließ ihren Kopf nicht los, beobachtete scharf ihr Gesicht, während sie beide sich wie in einem fremden, von ihnen erfundenen Tanzschritt von der offenen Verandatür weg durch die Küche schoben; er schien auf ihren Füßen zu stehen, sie ihn mit jedem Schritt hochzuheben.

Sie öffnete die Küchentür, schob ihn langsam durch die Diele, öffnete die Tür zu ihrem Zimmer.

„Hier“, sagte sie, „in meinem Zimmer, nicht dort.“

„Mirzowa“, flüsterte er.

„Wie kommst du auf diesen Namen? Mirzow heiße ich, und Katharina.“

„Alle nennen dich so und ich kann nicht anders an dich denken. Zeig es mir jetzt.“

Er wurde rot, weil er wieder „es“ gesagt hatte und nicht „sie“.

„Es macht mich traurig“, sagte sie, „dass es für dich eine Sünde ist.“

„Ich will es sehen“, sagte er.

„Niemand –“, sagte sie, „mit niemand darfst du darüber sprechen.“

„Nein."

„Versprichst du es?"

„Ja – aber einem muss ich es sagen."

„Wem?"

„Denk nach", sagte er leise, „denk nach, du weißt das doch alles." Sie biss sich auf die Lippen, hielt immer noch den Mantel fest um die Brust gerafft, sah ihn nachdenklich an und sagte:

„Natürlich, dem darfst du es sagen, aber niemand sonst."

„Nein", sagte er, „zeig es mir jetzt."

Wenn sie lacht oder kichert, dachte er, schieß ich; aber sie lachte nicht: Sie zitterte vor Ernst, ihre Hände flatterten, als sie die Knöpfe öffnen wollte, ihre Finger waren eiskalt und starr.

„Komm her", sagte er leise und sanft, „ich mache es." Seine Hände waren ruhig, sein Schrecken saß tiefer als der ihre; unten in den Fußgelenken spürte er ihn, es schien ihm, als seien sie biegsam wie Gummi und er würde umkippen. Er öffnete die Knöpfe mit der rechten Hand, fuhr mit der linken dem Mädchen übers Haar, wie um sie zu trösten.

Ihre Tränen kamen ganz plötzlich, lautlos, ohne Ankündigung, ohne Getue. Sie liefen einfach die Wangen herunter.

„Warum weinst du?"

„Ich habe Angst", sagte sie, „du nicht?"

„Ich auch", sagte er, „ich habe auch Angst." Er war so unruhig, dass er den letzten Knopf fast abgerissen hätte, und er atmete tief, als er die Brust der Mirzowa sah; er hatte Angst gehabt, weil er sich vor dem Ekel fürchtete, vor dem Augenblick, wo er aus Höflichkeit würde heucheln müssen, um diesen Ekel zu verbergen, aber er ekelte sich nicht und brauchte nichts zu verbergen. Er seufzte noch einmal. So plötzlich, wie sie gekommen waren, hörten die

Tränen des Mädchens auf zu fließen. Sie blickte ihn gespannt an: Jede Regung seines Gesichts, den Ausdruck seiner Augen, alles nahm sie genau in sich auf, und jetzt schon wusste sie, dass sie ihm Jahre später einmal dankbar sein würde, weil er es gewesen war, der die Knöpfe geöffnet hatte.

Er blickte genau hin, berührte sie nicht, schüttelte nur den Kopf und ein Lachen stieg in ihm auf.

„Was ist“, fragte sie, „darf ich auch lachen?“

„Lach nur“, sagte er und sie lachte.

„Es ist sehr schön“, sagte er und er schämte sich wieder, weil er *„es“* gesagt hatte, nicht *„sie“*, aber er konnte dieses „sie“ nicht aussprechen.

„Mach es wieder zu“, sagte sie.

„Nein“, sagte er, „mach du es zu, aber warte noch einen Augenblick.“ Still war es, scharf drang das Sonnenlicht durch den gelben Vorhang, der dunkelgrün gestreift war. Dunkle Streifen lagen auch über den Gesichtern der Kinder. Mit vierzehn, dachte der Junge, kann man noch keine Frau haben.

„Lass mich's zumachen“, sagte das Mädchen.

„Ja“, sagte er, „mach es zu“, aber er hielt ihre Hände noch einen Augenblick zurück und das Mädchen sah ihn an und lachte laut heraus.

„Warum lachst du jetzt?“

„Ich bin so froh, und du?“

„Ich auch“, sagte er, „ich bin froh, dass es so schön ist.“

Er ließ ihre Hände los, ging ein paar Schritte zurück und wandte sich ab, als sie die Bluse zuknöpfte.

Er ging um den Tisch herum, betrachtete den offenen Koffer, der auf dem Bett lag, Pullover waren übereinander gestapelt, Wäsche zu Päckchen sortiert, das Bett war schon abgezogen, der Koffer lag auf dem blauen Bezug der Matratzen.

„Du wirst also wirklich fahren?“, fragte er.

„Ja.“

Er ging weiter, blickte in den offenen Kleiderschrank: Nur leere Bügel hingen dort, an einem baumelte noch eine rote Haarschleife. Er klappte die Schranktüren zu, blickte auf das Bücherbord, das über ihrem Bett hing: Nur noch ein gebrauchtes Löschblatt lag da, eine Broschüre, schräg gegen die Wand gestellt, war liegen geblieben: „Was jeder vom Weinbau wissen muss.“

Als er sich umblickte, lag der Mantel auf dem Boden. Er hob ihn auf, warf ihn über den Tisch und lief hinaus.

Sie stand mit dem Fernglas in der Hand in der Küchentür, zuckte zusammen, als er ihr die Hand auf die Schulter legte, ließ das Glas sinken und sah ihn erschrocken an.

„Geh jetzt“, sagte sie, „du musst jetzt gehen.“

„Lass mich's noch einmal sehen.“

„Nein, die Regatta ist bald zu Ende, jetzt kommt meine Mutter, um mich zum Zug zu bringen. Du weißt, was passiert, wenn dich jemand hier sieht.“

Er schwieg, ließ seine Hand auf ihrer Schulter. Sie lief schnell weg, an die andere Seite des Tisches, nahm ein Messer aus der Schublade, schnitt sich ein Stück von der Gurke ab, biss hinein, legte das Messer wieder hin. „Geh“, sagte sie, „wenn du mich noch lange so anstarrst, siehst du aus wie der Apotheker oder wie dieser Drönsch.“

„Sei still“, sagte er. Sie sah ihn erstaunt an, als er plötzlich auf sie zukam, sie an der Schulter packte; sie führte über seinen Arm hinweg das Stück Gurke zum Mund und lächelte: „Verstehst du denn nicht“, sagte sie, „ich war so froh.“

Er blickte zu Boden, ließ sie los, ging zur Veranda, sprang auf die Brüstung und rief: „Gib mir deine Hand.“ Sie lachte, lief zu ihm hin, legte das Stück Gurke aus der Hand und hielt ihn mit beiden Händen fest, stemmte sich gegen die Mauer, während sie ihn langsam aufs Dach der Laube hinunterließ.

„Irgendjemand wird uns schon gesehen haben“, sagte er.

„Sicher“, sagte sie, „kann ich loslassen?“

„Noch nicht. Wann kommst du aus Wien zurück?“

„Bald“, sagte sie, „soll ich bald kommen?“ Er stand schon mit beiden Füßen auf dem Dach und sagte: „Jetzt kannst du loslassen.“ Aber sie ließ nicht los, sie lachte: „Ich komme zurück. Wann soll ich kommen?“

„Wenn ich es wieder sehen darf.“

„Das kann lange dauern.“

„Wie lange?“

„Ich weiß nicht“, sagte sie, sah ihn nachdenklich an. „Zuerst sahst du aus wie im Traum, dann plötzlich fast wie der Apotheker; ich will nicht, dass du so aussiehst und Todsünden tust und gebunden wirst.“

„Lass jetzt los“, sagte er, „oder zieh mich wieder rauf.“

Sie lachte, ließ ihn los, nahm das Stück Gurke wieder von der Brüstung und biss hinein.

„Auf etwas schießen muss ich“, sagte er.

„Schieß nicht auf Lebendes“, sagte sie, „schieß auf Tennisbälle oder auf – auf Einmachgläser.“

„Wie kommst du auf Einmachgläser?“

„Ich weiß nicht“, sagte sie, „ich könnte mir denken, dass es herrlich ist, auf Einmachgläser zu schießen. Es klirrt sicher und spritzt – warte“, sagte sie hastig, als er sich abwenden und hinunterklettern wollte; er wandte sich zurück und blickte sie ernst an. „Und du könntest“, sagte sie leise, „an der Schranke stehen, am Wasserturm, weißt du, und könntest in die Luft schießen, wenn mein Zug vorbeifährt. Ich werde im Fenster liegen und winken.“

„O ja“, sagte er, „das werde ich tun, wann fährt dein Zug?“

„Zehn nach sieben“, sagte sie, „dreizehn nach passiert er die Schranke.“

„Dann wird es Zeit“, sagte er, „auf Wiedersehen, du kommst zurück?“

„Ich werde kommen“, sagte sie, „sicher.“ Und sie biss sich auf die Lippen und sagte leise noch einmal: „Ich werde kommen.“

Sie sah ihm zu, wie er sich an der Wetterfahne festhielt, bis seine Füße die Latten der Pergola erreicht hatten. Er lief über den Rasen, auf die Terrasse, kletterte ins Haus, sie sah ihn wieder über die Messingleiste gehen, den Karton mit den Tennisbällen aufnehmen, zurückkehren, sie hörte den Kies unter seinen Füßen knirschen, als er mit dem Karton unter dem Arm an der Garage vorbei wieder auf die Straße lief.

Hoffentlich vergisst er nicht, sich noch einmal umzuwenden und zu winken, dachte sie. Dort stand er schon, winkte, an der Ecke der Garage, zog die Pistole aus der Tasche, drückte sie mit dem Lauf gegen den Karton und winkte noch einmal, bevor er um die Ecke lief und verschwand.

Sie flog mit dem Fernglas wieder hoch, stach sich runde Stücke Blau heraus, Medaillen aus Himmel; Rhenania und Germania, Flussufer mit Regattawimpel, runder Horizont aus Flussgrün mit Fetzen von Fahnenrot.

Mein Haar würde schön knistern, dachte sie, es knisterte schon, als er es berührte. Und auch in Wien gibt es Wein.

Weinberg: hellgrün, saure Trauben, Laub, das sich die Fettsäcke um ihre Glatzen banden, um diesem Bacchus ähnlich zu sein.

Sie suchte die Straßen ab, dort, wo sie mit dem Glas in sie einfallen konnte: Die Straßen waren leer, sie sah nur parkende Autos; der Eiskarren stand noch da, den Jungen fand sie nicht, ich werde, dachte sie lächelnd, während sie das Glas wieder zum Fluss schwenkte, ich werde doch dein Jerusalem sein.

Sie wandte sich nicht um, als die Mutter die Haustür aufschloss und in die Diele trat. Schon Viertel vor sieben, dachte sie, hoffentlich schafft er es, bis dreizehn nach an der Schranke zu sein. Sie hörte, wie das Kofferschloss zuschnappte und der winzige Schlüssel darin umgedreht wurde, hörte die harten Schritte und sie zuckte zusammen, als der Mantel über ihre Schultern fiel; die Hände der Mutter blieben auf ihren Schultern liegen.

„Hast du das Geld?“

„Ja.“

„Die Fahrkarte?“

„Ja.“

„Die Brote?“

„Ja.“

„Den Koffer ordentlich gepackt?“

„Ja.“

„Nichts vergessen?“

„Nein.“

„Niemand etwas erzählt?“

„Nein.“

„Die Adresse in Wien?“

„Ja.“

„Die Telefonnummer?“

„Ja.“

Dunkel war die kleine Pause, erschreckend, die Hände der Mutter glitten an ihren Schultern herunter, über ihre Unterarme. „Ich fand es besser, nicht hier zu sein in den letzten Stunden. Es ist leichter, ich weiß es. Ich habe so oft Abschied genommen – und es war gut, dass ich dich einschloss, du weißt es.“

„Es war gut, ich weiß es."

„Dann komm jetzt ..." Sie wandte sich um; es war schlimm, die Mutter weinen zu sehen, es war fast, als wenn ein Denkmal weinte: Die Mutter war immer noch schön, aber dunkel war diese Schönheit, hager. Ihre Vergangenheit hing über ihr wie ein schwarzer Heiligenschein. Fremde Vokabeln schwangen in der Legende von Mutters Leben mit: Moskau – Kommunismus – rote Nonne, ein Russe, der Mirzow hieß; den Glauben verloren, Flucht, und im Hirn turnten die Dogmen des verlorenen Glaubens weiter; es war wie in einem Webstuhl, dessen Spulen sich weiterdrehten, obwohl die Wolle ausgegangen war: herrliche Muster ins Nichts gewebt, nur das Geräusch blieb, der Mechanismus blieb; wenn nur ein Gegenpol da war: Dulges, die Stadtväter, der Pfarrer, die Lehrerinnen, die Nonnen; wenn man die Augen schloss, konnte man auch an Gebetsmühlen denken, Gebetsmühlen der Ungläubigen, die rastlose, vom Winde gedrehte Klapper, die Diskussion hieß; nur manchmal, sehr selten, hatte die Mutter ausgesehen, wie sie jetzt aussah: wenn sie Wein getrunken hatte, und die Leute sagten dann: Ach, sie ist doch ein echtes Zischbrunner Mädchen geblieben.

Es war gut, dass die Mutter rauchte; auf die Zigarette zufließend, von Rauch umhüllt, sahen die Tränen nicht so ernst aus, eher wie gespielte Tränen, aber Tränen würde die Mutter am wenigsten spielen.

„Ich werde es ihnen heimzahlen", sagte sie, „es quält mich zu sehr, dass du wegmusst. Dass ich nachgeben muss."

„Komm doch mit mir."

„Nein, nein – du wirst zurückkommen, ein, zwei Jahre vielleicht, und du wirst zurückkommen. Tu niemals das, was sie von dir denken. Tu's nicht und komm jetzt."

Sie schlüpfte in die Ärmel des Mantels, knöpfte ihn zu, tastete nach der Fahrkarte, nach dem Portmonee, lief in ihr Schlafzimmer, aber die Mutter schüttelte den Kopf, als sie den Koffer nehmen wollte. „Nein, lass“, sagte sie, „und schnell jetzt – es wird Zeit.“

Hitze hing im Treppenhaus, Weindunst stieg aus dem Keller hoch, wo der Apotheker Wein auf Flaschen gefüllt hatte: säuerlicher Geruch, der zum verschwommenen Violett der Tapete zu passen schien. Die engen Gassen: die dunklen Fensterhöhlen, Hauseingänge, aus denen ihr die Sachen nachgerufen worden waren, Sachen, die sie nicht verstand. Schnell. Stärker war jetzt der Lärm, der vom Flussufer kam, Autos wurden angelassen: Die Regatta war zu Ende. Schnell.

Der Mann an der Sperre duzte die Mutter. „Ach, Käte, geh schon ohne Bahnsteigkarte durch.“ Ein Betrunkener taumelte durch die dunkle Unterführung, grölte und schlug eine volle Weinflasche gegen die feuchte schwarze Wand; Splitter klirrten und wieder stieg ihr Weingeruch in die Nase. Der Zug war schon eingelaufen, die Mutter schob den Koffer in den Gang. „Tu nie, was sie von dir denken, tu’s nie.“

Wie gut es war, den Abschied so knapp zu halten: Nur eine einzige Minute blieb, lang war sie, länger als der ganze Nachmittag. „Du hättest sicher gern das Fernglas mitgenommen. Soll ich’s dir schicken?“

„Ja, schick es mir. Ach, Mutter.“

„Was ist denn?“

„Ich kenn ihn ja kaum.“

„Oh, er ist nett und er freut sich, dich dort zu haben – und er hat nie an die Götter geglaubt, an die ich glaubte.“

„Und er trinkt keinen Wein?“

„Er mag ihn nicht – und er hat Geld, handelt mit so Sachen.“

„Mit welchen Sachen?“

„Ich weiß nicht genau: Kleider wahrscheinlich oder so was. Es wird dir gefallen.“

Kein Kuss. Denkmäler darf man nicht küssen, auch wenn sie weinen. Ohne sich umzuwenden, verschwand die Mutter in der Unterführung: eine Salzsäule des Unglücks, konserviert in der Bitterkeit ihrer Irrtümer; am Abend würde sie die Gebetsmühle in Gang setzen, einen Monolog halten, wenn Dulges in der Küche saß: „Sind Tränen nicht eigentlich ein Überrest bürgerlicher Empfindungen? Kann es in der klassenlosen Gesellschaft Tränen geben?“

An der Schule vorbei, am Schwimmbad, unter der kleinen Brücke durch, die lange, lange Mauer der Weinberge, Wald – und an der Schranke, die am Wasserturm den Weg absperrte, sah sie die beiden Jungen, hörte den Knall, sah die schwarze Pistole in Pauls Hand und schrie: „Jerusalem, Jerusalem!“, und sie schrie es noch einmal, obwohl sie die Jungen nicht mehr sehen konnte. Sie wischte die Tränen mit dem Ärmel ab, nahm den Koffer und taumelte in den Gang hinein. Ich werde den Mantel nicht ausziehen, dachte sie, noch nicht.

III

„Was hat sie denn gerufen?“, fragte Griff.

„Hast du es nicht verstanden?“

„Nein, du? Was war es?“

„Jerusalem“, sagte Paul leise. „Jerusalem, sie hat es noch gerufen, als der Zug schon vorbei war. Komm.“ Er blickte enttäuscht auf die Pistole, die er gesenkt hielt, den Daumen am Sicherungsflügel. Er hatte geglaubt, sie würde lauter knallen und würde rauchen: Er hatte damit gerechnet, dass sie rauchen würde: mit rauchender Pistole in der Hand hatte er am Zug stehen wollen, aber die Pistole rauchte nicht, sie war nicht einmal heiß, er schob vorsichtig den Zeigefinger über den Lauf, zog ihn zurück. „Komm“, sagte er, Jerusalem, dachte er, ich habe es verstanden, aber ich weiß nicht, was es bedeutet.

Sie gingen vom Weg ab, parallel zur Bahnlinie, Griff mit dem Marmeladenglas unter dem Arm, das er von zu Hause mitgenommen hatte, Paul mit der gesenkten Pistole in der Hand; im grünen Licht wandten sie ihre Gesichter einander zu.

„Willst du es wirklich tun?“

„Nein“, sagte Paul, „nein, man soll …“ Er wurde rot, wandte sich ab. „Hast du die Bälle auf den Baumstamm gelegt?“

„Ja“, sagte Griff, „sie rollten immer herunter, aber dann habe ich eine Rille in der Rinde gefunden.“

„Wie viel Abstand?“

„Eine Handbreit, wie du gesagt hast – du“, sagte er leiser, blieb stehen, „ich kann nicht nach Hause zurück, ich kann nicht. In dieses Zimmer. Du begreifst doch, dass ich in dieses Zimmer nicht zurückgehen kann.“ Er nahm das Marmeladenglas in die andere Hand, hielt Paul, der weitergehen wollte, am Rockärmel fest.

„Das kann ich doch nicht."

„Nein", sagte Paul, „in dieses Zimmer würde ich auch nicht zurückgehen."

„Meine Mutter würde mich zwingen, es sauber zu machen. Du, ich kann doch nicht – auf dem Boden herumrutschen, die Wände, die Bücher, alles sauber machen. Sie würde daneben stehen."

„Nein, das kannst du nicht. Komm!"

„Was soll ich tun?"

„Warte, erst schießen wir, komm …" Sie gingen weiter, wandten manchmal ihre grünen Gesichter einander zu, Griff ängstlich, Paul lächelnd.

„Du musst mich erschießen", sagte Griff, „du, du musst es tun."

„Du bist verrückt", sagte Paul, er biss sich auf die Lippen, hob die Pistole, legte auf Griff an, der duckte sich, wimmerte leise und Paul sagte: „Siehst du, du würdest schreien, dabei ist sie gesichert."

Er nahm die linke Hand vor die Augen, als sie in die Lichtung kamen, blinzelte zu den Tennisbällen hin, die auf einem gefällten Baum aufgereiht lagen: Drei waren noch makellos, weiß und haarig, wie das Fell des Lammes, die anderen schmutzig von der feuchten Walderde.

„Geh hin", sagte Paul, „stell das Glas zwischen den dritten und vierten Ball." Griff taumelte durch die Lichtung, stellte das Glas hinter die Bälle, sodass es schräg stand und nach hinten wegzukippen drohte.

„Der Abstand ist zu klein, es geht nicht dazwischen."

„Weg", sagte Paul, „ich schieße, komm an meine Seite." Er wartete, bis Griff neben ihm im Schatten stand, hob die Pistole, zielte, drückte ab, und erschreckt vom Echo des ersten Schusses knallte er wild drauflos, das ganze Magazin leer – hell kam das Echo der beiden letzten Schüsse aus dem Wald zurück, als er längst schon nicht mehr schoss. Die Bälle lagen noch da, nicht einmal das Marmeladenglas war getroffen. Es war ganz still, roch nur ein wenig nach Pulver – der Junge stand noch da, mit der erhobenen Pistole in der Hand, er stand da, als würde er ewig dort stehen bleiben. Er war blass, die Enttäuschung füllte seine Adern mit Kälte und in seinen Ohren knallte das helle Echo, das gar nicht mehr da war: Helles, trockenes Gebell tönte aus der Erinnerung in ihn zurück. Er schloss die Augen, öffnete sie wieder: Die Bälle lagen noch da und nicht einmal das Marmeladenglas war getroffen.

Er zog seinen Arm wie aus sehr weiter Ferne zu sich heran, tastete über den Lauf: Der war wenigstens ein bisschen heiß. Paul riss mit dem Daumennagel das Magazin heraus, schob ein neues ein und legte den Sicherungsflügel herum.

„Komm her", sagte er leise, „du bist an der Reihe."

Er gab Griff die Pistole in die Hand, zeigte ihm, wie er sie entsichern musste, trat zurück und dachte, während er im Schatten an seiner Enttäuschung schluckte: Hoffentlich triffst du wenigstens, hoffentlich triffst du. Griff warf den Arm mit der Pistole hoch, senkte ihn dann langsam ins Ziel – das hat er gelesen, dachte Paul, irgendwo gelesen, es sieht aus, als wenn er es gelesen hätte – und Griff schoss stotternd: einmal – dann wurde es still; da lagen die Bälle und das Glas stand noch da; dann dreimal – dreimal auch kläffte das Echo auf die beiden Jungen zurück. Friedlich wie ein seltsames Stillleben lag der dunkle Baumstamm da, mit seinen sechs Tennisbällen und dem Glas voll Pflaumenmus.

Nur Echo kam, es roch ein wenig nach Pulver und Griff reichte Paul kopfschüttelnd die Pistole zurück.

„Einen Schuss hab ich noch gut", sagte Paul, „den ich eben in die Luft schoss – dann bleiben für jeden noch zwei und einer bleibt übrig."

Diesmal zielte er lange, aber er wusste, dass er nicht treffen würde, und er traf auch nicht: Dünn und einsam kam das Echo seines Schusses auf ihn zurück, das Echo drang wie ein roter Punkt in ihn ein, kreiste in ihm, flog wieder aus ihm heraus, und er war ruhig, als er Griff die Pistole gab.

Griff schüttelte den Kopf. „Die Ziele sind zu klein, wir müssen größere wählen, vielleicht die Bahnhofsuhr oder die Reklame für Waffenbier?“

„Wo ist eine?“

„An der Ecke, dem Bahnhof gegenüber, wo Drönsch wohnt.“

„Oder eine Fensterscheibe oder den Samowar bei uns zu Hause. Wir *müssen* etwas treffen. Hast du denn wirklich mit deiner Pistole bei acht Schuss siebenmal getroffen? Eine Konservendose auf dreißig Meter?“

„Nein“, sagte Griff, „ich habe gar nicht geschossen, noch nie vorher.“ Er ging auf den Baumstamm zu, trat mit dem rechten Fuß nach den Bällen, dem Marmeladenglas, die Bälle rollten ins Gras, das Glas rutschte ab und kippte auf den weichen Waldboden, der im Schatten des Baumstamms ohne Gras geblieben war. Griff packte das Glas, wollte es gegen den Baum werfen, aber Paul hielt seinen Arm zurück, nahm ihm das Glas aus der Hand und stellte es auf den Boden. „Bitte, lass es“, sagte er, „lass es – ich kann es nicht sehen. Lass es stehen, soll Gras darüber wachsen, viel Gras …“

Und er dachte sich aus, wie das Gras wuchs, bis das Einmachglas überdeckt war; Tiere schnupperten daran, Pilze wuchsen in dichter Kolonie und er ging nach Jahren im Wald spazieren und fand es: Die Pistole verrostet, das Mus zu einem modrigen, schwammartigen Schaum verwest. Er nahm das Glas, legte es in eine Höhlung am Rande der Lichtung und warf mit den Füßen lockere Erde darüber. „Lass es“, sagte er leise, „lass auch die Bälle – nichts haben wir getroffen.“

„Gelogen“, sagte Griff, „alles gelogen.“

„Ja, alles“, sagte Paul, aber während er die Pistole sicherte und in die Tasche steckte, flüsterte er: „Jerusalem, Jerusalem.“

„Woher wusstest du, dass sie wegfährt?“

„Ich habe ihre Mutter getroffen, als ich auf dem Wege zu dir war.“

„Aber sie kommt zurück?“

„Nein, sie kommt nicht zurück.“

Griff ging noch einmal in die Lichtung, trat nach den Bällen, zwei rollten weiß und lautlos in den schattigen Wald.

„Komm her“, sagte er, „sieh dir das an, wir haben viel zu hoch gehalten.“

Paul ging langsam hinüber, sah den zerfetzten Brombeerstrauch, Einschüsse an einer Tanne, frisches Harz, einen geknickten Ast.

„Komm“, sagte er, „wir schießen auf die Waffenbierreklame, die ist so groß wie ein Wagenrad.“

„Ich geh nicht in die Stadt zurück“, sagte Griff, „nie mehr, ich werde nach Lübeck fahren, ich habe die Fahrkarte schon in der Tasche. Ich komme nicht wieder.“

Sie gingen langsam den Weg, den sie gekommen waren, zurück, an der Schranke vorbei, an der langen Weinbergmauer, vorbei an der Schule. Längst waren die parkenden Autos weg, aus der Stadt herauf klang Musik. Sie kletterten auf die beiden Pfeiler des Friedhofseingangs, saßen drei Meter voneinander entfernt auf gleicher Höhe und rauchten.

„Siegerehrung“, sagte Griff, „Ball. Weinlaub um die Stirn. Dort unten kannst du die Waffenbierreklame an Drönschs Haus sehen.“

„Ich werde sie treffen“, sagte Paul, „du kommst nicht mit?“

„Nein, ich bleibe hier, ich werde hier sitzen und warten, bis du sie heruntergeschossen hast. Dann geh ich langsam nach Dreschenbrunn, steig dort in den Zug und fahr nach Lübeck. Ich werde baden, lange im salzigen Wasser baden, und ich hoffe, es wird Sturm sein, hohe Wellen und viel salziges Wasser.“

Sie rauchten schweigend, blickten sich manchmal an, lächelten, lauschten in die Stadt hinunter, aus der der Lärm immer heftiger aufstieg.

„Haben die Hufe wirklich gedonnert?“, fragte Griff.

„Nein“, sagte Paul, „nein, es war nur ein Pferd und seine Hufe klapperten nur – und die Lachse?“

„Ich habe nie einen gesehen.“ Sie lächelten sich zu und schwiegen eine Zeit lang.

„Jetzt steht mein Vater vor dem Schrank“, sagte Paul dann, „mit hochgekrempelten Ärmeln, meine Mutter breitet das Wachstuch aus; jetzt schließt er die Schublade auf; vielleicht sieht er den Kratzer, den ich gemacht habe, als mir der Schraubenzieher ausrutschte; aber er sieht es nicht, es ist jetzt dunkel in der Ecke dort; er öffnet die Schublade, stutzt, denn die Scheckbücher und Kontoauszüge liegen nicht so, wie er sie eingeordnet hat – er wird unruhig, schreit meine Mutter an, wirft den ganzen Krempel auf die Erde, wühlt in der Schublade herum – jetzt, gerade jetzt – genau jetzt.“ Er blickte auf die Kirchturmuhr, deren großer Zeiger gerade auf die Zehn rutschte, während der kleine ruhig vor der Acht stand. „Früher“, sagte Paul, „ist er Divisionsmeister im Pistolenreinigen gewesen: in drei Minuten eine Pistole auseinander genommen, gereinigt, wieder zusammengesetzt – und zu Hause musste ich immer neben ihm stehen und die Zeit stoppen: Nie brauchte er mehr als drei Minuten.“

Er warf den Zigarettenstummel auf den Weg, starrte auf die Kirchturmuhr. „Punkt zehn vor acht war er immer mit allem fertig, dann wusch er sich die Hände und war immer noch Punkt acht am Stammtisch.“ Paul sprang von dem Pfeiler herunter, reichte Griff die Hand hinauf und sagte: „Wann werde ich dich wieder sehen?“

„Lange nicht“, sagte Griff, „aber zurück komm ich mal. Ich werde bei meinem Onkel arbeiten, Fische einmachen, aufschlitzen – die Mädchen lachen immer und abends gehen sie ins Kino, vielleicht – sie kichern nicht, bestimmt nicht. Sie haben so weiße Arme und sind so hübsch. Sie steckten mir Schokolade in den Mund, als ich noch klein war, aber so klein bin ich ja nicht mehr.

Ich kann nicht –“, sagte er leiser, „du verstehst, dass ich in dieses Zimmer nicht zurückgehen kann. Sie würde neben mir stehen, bis es ganz sauber ist. Hast du Geld?“

„Ja, ich habe mein ganzes Feriengeld schon. Willst du was?“

„Ja, gib mir was, ich schick’s dir zurück, später.“

Paul öffnete sein Portmonee, zählte die Münzen, öffnete die Tasche für die Scheine. „Mein ganzes Geld für Zalligkofen, ich kann dir achtzehn Mark geben. Willst du sie?“

„Ja“, sagte Griff; er nahm den Schein, die Münzen, schob alles zusammen in die Hosentasche. „Ich warte hier“, sagte er, „bis ich höre und sehe, dass du die Waffenbierreklame herunterknallst; schieß schnell und das ganze Magazin leer. Wenn ich es höre, wenn ich es sehe, gehe ich langsam nach Dreschenbrunn und steige in den nächsten Zug. Aber sag niemand, dass du weißt, wo ich bin.“

„Nein“, sagte Paul; er lief, stieß im Laufen Steine beiseite, schrie laut, um das wilde Echo seiner Stimme zu hören, als er durch die Unterführung rannte; er ging erst langsamer, als er an der Bahnhofsmauer entlang auf die Kneipe in Drönschs Haus zukam; er ging immer langsamer, wandte sich um, aber er konnte den Friedhofseingang noch nicht sehen, nur das große schwarze Kreuz in der Mitte des Friedhofs und die weißen Grabsteine oberhalb des Kreuzes; je näher er auf den Bahnhof zukam, umso mehr Gräberreihen sah er unterhalb des Kreuzes: zwei Reihen, drei, fünf, dann den Eingang, und Griff saß noch da. Paul ging quer über den Bahnhofsvorplatz, langsam; sein Herz schlug heftig, aber er wusste, dass es keine Angst war, eher Freude, und am liebsten hätte er das ganze Magazin in die Luft hineingeschossen und „Jerusalem" geschrien; es tat ihm fast Leid um die große, runde Waffenbierreklame, auf der zwei gekreuzte Säbel einen Bierkrug, der schäumend überlief, zu schützen schienen.

Ich muss treffen, dachte er, bevor er die Pistole aus der Tasche nahm, ich muss. Er ging an den Häusern vorbei, trat rückwärts in den Eingang zu einer Metzgerei und hätte fast einer Frau, die den fliesenbelegten Gang aufwusch, auf die Hände getreten. „Du Lümmel", sagte sie aus dem Halbdunkel heraus, „mach, dass du wegkommst."

„Entschuldigen Sie", sagte er und stellte sich außen neben den Eingang. Die Seifenlauge lief zwischen seinen Füßen über den Asphalt in die Gosse. Von hier ist es am besten, dachte er, sie hängt genau vor mir, rund wie ein großer Mond, und ich muss sie treffen. Er nahm die Pistole aus der Tasche, entsicherte sie und lächelte, bevor er sie hochhob und anlegte: Er fühlte nicht mehr, dass etwas zerstört werden musste, und doch musste er schießen: Es gab Dinge, die man tun musste, und wenn er nicht schoss, würde Griff nicht nach Lübeck fahren, nicht die weißen Arme der hübschen Mädchen sehen und nie mit einer von ihnen ins Kino gehen. Er dachte: Mein Gott, hoffentlich bin ich nicht zu weit davon entfernt – ich *muss* treffen, ich *muss*; aber er hatte schon getroffen, das Klirren des fallenden Glases war fast lauter als das Geräusch der Schüsse. Erst brach ein rundes Stück aus der Reklame heraus: der Bierkrug, dann fielen die Säbel, er sah, wie der Putz aus der Hauswand in kleinen Staubwolken heraussprang, sah den Eisenkranz, der die Lichtreklame gehalten hatte, Glasreste hingen noch wie Fransen am Rand.

Am deutlichsten hörte er die Schreie der Frau, die aus dem Flur gestürzt war, dann zurücklief und drinnen im Dunkel weiterschrie – auch Männer schrien, aus dem Bahnhof kamen Leute, wenige; viele stürzten aus der Kneipe. Ein Fenster wurde geöffnet und oben erschien für einen Augenblick Drönschs Gesicht. Aber niemand kam ihm nahe, weil er die Pistole noch in der Hand hielt. Er blickte nach oben zum Friedhof hin: Griff war nicht mal zu sehen.

Unendlich viel Zeit verging, ehe jemand kam und ihm die Pistole aus der Hand nahm. Er konnte noch an vieles denken: Jetzt, dachte er, brüllt Vater schon seit zehn Minuten im Haus herum, schiebt Mutter die Schuld zu, Mutter, die längst erfahren hat, dass ich zu Katharina hinaufgeklettert bin; alle wissen es und niemand wird verstehen, dass ich es tat und dass ich dies tat: auf die Lichtreklame schießen. Vielleicht wäre es besser gewesen, ich hätte in Drönschs Fenster geschossen. Und er dachte: Vielleicht sollte ich beichten gehen, aber sie werden mich nicht lassen; und es war acht, und nach acht konnte man nicht mehr beichten. Das Lamm hat mein Blut getrunken, dachte er, o Lamm.

Nur ein paar Scherben hat es gegeben und ich habe Katharinas Brust gesehen. Sie wird wiederkommen. Und nun hat Vater wirklich einmal Grund, die Pistole zu reinigen.

Er konnte sogar noch an Griff denken, der nun auf dem Weg nach Dreschenbrunn war, über die Höhen, an den

Weinbergen vorbei, und er dachte noch an die Tennisbälle und das Marmeladenglas, von dem er die Vorstellung hatte, dass es längst überwuchert war.

Sehr viele Leute standen um ihn herum, in weitem Abstand. Drönsch lag jetzt oben im Fenster, mit aufgestützten Armen, die Pfeife im Mund. Nie will ich so aussehen, dachte er, nie. Drönsch sprach immer von Tirpitz. „Tirpitz ist Unrecht geschehen. Die Geschichtswissenschaft wird Tirpitz noch einmal Gerechtigkeit widerfahren lassen. Objektive Forscher sind am Werke, um die Wahrheit über Tirpitz herauszufinden.“ – Tirpitz? Ach ja.

Von hinten, dachte er, das hätte ich mir denken können, dass sie von hinten kommen. Kurz bevor der Polizist ihn packte, roch er dessen Uniform: ihr erster Geruch war Reinigungsbenzin, ihr zweiter Ofenqualm, ihr dritter …

„Wo wohnst du, du Lümmel?“, fragte der Polizist.

„Wo ich wohne?“ Er blickte den Polizisten an. Er kannte ihn und der Polizist musste ihn kennen: Er brachte doch immer die Verlängerung für Vaters Waffenschein, freundlich war er, lehnte die Zigarre dreimal ab, bevor er sie annahm. Auch jetzt war er nicht unfreundlich und sein Griff war nicht fest.

„Ja, wo du wohnst.“

„Ich wohne im Tal der donnernden Hufe“, sagte Paul.

„Das ist nicht wahr“, rief die Frau, die den Flur geputzt hatte, „ich kenne ihn doch, er ist der Sohn …“

„Ja, ja“, sagte der Polizist, „ich weiß. Komm“, sagte er, „ich bring dich nach Hause.“

„Ich wohne in Jerusalem“, sagte Paul.

„Hör jetzt auf damit“, sagte der Polizist, „und komm.“

„Ja“, sagte Paul, „ich werde damit aufhören.“

Die Leute schwiegen, als er vor dem Polizisten her die dunkle Straßen hinunterging. Er sah aus wie ein Blinder: die Augen auf einen bestimmten Punkt gerichtet, und doch schien er an allem vorbeizusehen; nur eins sah er: die zusammengefaltete Abendzeitung des Polizisten. Und er konnte in der ersten Zeile lesen:

„Chruschtschew“ und in der zweiten: „offenes Grab.“

„Mein Gott“, sagte er zu dem Polizisten, „Sie wissen doch genau, wo ich wohne.“

„Natürlich weiß ich's“, sagte der Polizist, „komm!“

Materialien

Einleitung

Heinrich Böll ist nicht nur einer der bedeutendsten Vertreter der deutschen Nachkriegsliteratur, der weit über die Grenzen Deutschlands hinaus eine begeisterte Lesergemeinde gefunden hat, sondern auch ein heftig umstrittener Schriftsteller. Und dies ist auch nicht verwunderlich bei den Themen, die er aufgreift, bei der Art, wie er sie behandelt, und bei der radikal demokratischen und humanen Gesinnung, die er vertritt. Den Schriftsteller und Menschen Böll näher zu bringen, dienen die ersten beiden Textgruppen. In den *biografisch-bibliografischen* Texten stellt Heinrich Böll sich in zwei ‚Lebensläufen' („Über mich selbst" 1958 und „Kurzbiografie" 1977) selbst vor. Eine Auswahl aus seinen bekanntesten Werken und den wichtigsten Literaturpreisen, die er erhalten hat, runden dieses erste Bild ab. Dass man Böll jedoch am besten kennen lernt bei der Lektüre seiner Romane, Erzählungen, Kurzgeschichten, Hörspiele sowie seiner politischen und literarischen Aufsätze und Reden, versteht sich von selbst. Einige weiterführende Schriften sind zusätzlich aufgenommen worden, da sie die Auswahl aus den Schriften Bölls sowie die private Lektüre erleichtern können.

In der Textgruppe *Heinrich Böll über Literatur*, sollen einige Aspekte der schriftstellerischen Tätigkeit Bölls aufgegriffen werden, über die er sich selbst geäußert hat: über das Verhältnis von schriftstellerischer Tätigkeit und christlichem Glauben („Rose und Dynamit" 1958), über das Verhältnis der Literatur zur Wirklichkeit (Auszug aus den „Frankfurter Vorlesungen" 1963/64), über das Milieu, das er in seinen Arbeiten aufgreift („Zur Verteidigung der

Waschküchen“ 1959). Alle diese Selbstaussagen Bölls können auf die Erzählung „Im Tal der donnernden Hufe“ übertragen und an dieser diskutiert werden, sodass sich Erzählungen und Selbstaussagen gegenseitig erhellen.

Wenn auch die in der Erzählung „Im Tal der donnernden Hufe“ dargestellten Grundkonflikte für heutige Jugendliche weitgehend nachvollziehbar sind, so sollten doch einige Motive aus der damaligen Zeit und aus dem christlichen Glauben heraus verständlich gemacht werden. Dieser Aufgabe dient die Textgruppe *Materialien zur Erzählung*. Die in dem Aufklärungstext („Vom ‚Freund‘ und vom Küssen“) und im Beichtspiegel („Sechstes und neuntes Gebot“) enthaltenen Normen wurden jungen Katholiken 1957 von der Kirche als verbindlich vorgestellt. Es wäre eine lohnende Aufgabe, anhand heutiger Texte zu untersuchen, ob und welche kirchlichen Aussagen zur Sexualität und zu zwischenmenschlichen Beziehungen sich in der Zwischenzeit verändert haben. Die beiden Psalmen können das in der Erzählung mehrfach auftretende Motiv von der Stadt Jerusalem erhellen.

Grundlegende Aussagen zur Erzählkunst Bölls (Rasch), zur Wirkung seiner Arbeiten (Heym), zu den dargestellten Konflikten und Leuten (Lenz) sowie zu seiner christlichen und humanen Grundhaltung (Augstein, Zuckmayer, Amery, Hildesheimer) sind in der Textgruppe *Zum Schriftsteller Heinrich Böll* versammelt. Wie die Rezensionen in der Textgruppe sollten sie auf die Erzählung „Im Tal der donnernden Hufe“ eröffnet werden. Diese Texte sollen nicht nur unterschiedliche Ansichten und Einsichten zum Schriftsteller Heinrich Böll vermitteln sowie verschiedenartige Einschätzungen seiner Erzählung darlegen, sondern vielmehr zu eigenständigen Stellungnahmen anregen. Hier bietet es sich auch an, die Selbstaussagen Bölls zur Literatur (Textgruppe II), die literaturtheoretischen Aussagen zum Schriftsteller Böll (Textgruppe IV) und die Besprechungen seiner Erzählung miteinander zu vergleichen. Besonders aufschlussreich ist es, die Rezensionen zur Erzählung „Im Tal der donnernden Hufe“ auf ihre Sprechweise und Argumentationsstruktur hin zu analysieren und eigenständige Besprechungen der Erzählung für Mitschüler zu erarbeiten.

Die Textgruppe *Über Zärtlichkeit sprechen* greift nicht nur ein Problem der Erzählung, sondern auch heutiger Jugendlicher auf – die Schwierigkeit, Gefühle zu äußern und über Gefühle zu sprechen. Der Auszug aus dem Unterrichtsgespräch in einem 8. Schuljahr wie die Bilder von Peter Zündorf bieten vielfältige Möglichkeiten, diese Schwierigkeit im Unterricht zu thematisieren, Lösungsvorschläge zu erarbeiten und zu erproben.

Biografisch – bibliografische Texte

(1) Heinrich Böll: Über mich selbst (1958)

Geboren bin ich in Köln, wo der Rhein, seiner mittelrheinischen Lieblichkeit überdrüssig, breit wird, in die totale Ebene hinein auf die Nebel der Nordsee zufließt; wo weltliche Macht nie so recht ernst genommen worden ist, geistliche Macht weniger ernst, als man gemeinhin in deutschen Landen glaubt; wo man Hitler mit Blumentöpfen bewarf, Göring öffentlich verlachte, den blutrünstigen Gecken, der es fertig brachte, sich innerhalb einer Stunde in drei verschiedenen Uniformen zu präsentieren; ich stand, zusammen mit den tausenden Kölner Schulkindern Spalier, als er in der dritten Uniform, einer weißen, durch die Stadt fuhr, ich ahnte, dass der bürgerliche Unernst der Stadt gegen die neu heraufziehende

Mechanik des Unheils nichts ausrichten würde; geboren in Köln, das seines gotischen Domes wegen berühmt ist, es aber mehr seiner romanischen Kirchen wegen sein müsste; das die älteste Judengemeinde Deutschlands beherbergte und sie preisgab; Bürgersinn und Humor richteten gegen das Unheil nichts aus, jener Humor, so berühmt wie der Dom, in seiner offiziellen Erscheinungsform Schrecken erregend, auf der Straße manchmal von Größe und Weisheit.

Geboren in Köln, am 21. Dezember 1917, während mein Vater als Landsturmmann Brückenwache schob; im schlimmsten Hungerjahr des Weltkrieges wurde ihm das achte Kind geboren; zwei hatte er schon früh beerdigen müssen; während mein Vater den Krieg verfluchte und den kaiserlichen Narren, den er mir später als Denkmal zeigte. „Dort oben“, sagte er, „reitet er immer noch auf seinem Bronzegaul westwärts, während er doch schon so lange in Doorn Holz hackt“; immer noch reitet er auf seinem Bronzegaul westwärts. Meine väterlichen Vorfahren kamen vor Jahrhunderten von den britischen Inseln, Katholiken, die der Staatsreligion Heinrichs VIII. die Emigration vorzogen. Sie waren Schiffzimmerleute, zogen von Holland herauf rheinaufwärts, lebten immer lieber in Städten als auf dem Land, wurden, so weit von der See entfernt, Tischler. Die Vorfahren mütterlicherseits waren Bauern und Bierbrauer; eine Generation war wohlhabend und tüchtig, dann brachte die nächste den Verschwender hervor, war die übernächste arm, brachte wieder den Tüchtigen hervor, bis sich im letzten Zweig, aus dem meine Mutter stammte, alle Weltverachtung sammelte und der Name erlosch.

Meine erste Erinnerung: Hindenburgs heimkehrende Armee, grau, ordentlich, trostlos zog sie mit Pferden und Kanonen an unserem Fenster vorüber; vom Arm meiner

Mutter aus blickte ich auf die Straße, wo die endlosen Kolonnen auf die Rheinbrücken zumarschierten; später: die Werkstatt meines Vaters: Holzgeruch, der Geruch von Leim, Schellack und Beize; der Anblick frisch gehobelter Bretter, das Hinterhaus einer Mietskaserne, in der die Werkstatt lag; mehr Menschen als in manchem Dorf leben, lebten dort, sangen, schimpften, hängten ihre Wäsche auf die Recks; noch später: die klangvollen germanischen Namen der Straßen, in denen ich spielte: Teutoburger-, Eburonen-, Veledastraße, und die Erinnerung an Umzüge, wie mein Vater sie liebte, Möbelwagen, Bier trinkende Packer, das Kopfschütteln meiner Mutter, die ihren Herd liebte, auf dem sie das Kaffeewasser immer kurz vor dem Siedepunkt zu halten verstand. Nie wohnten wir weit vom Rhein entfernt, spielten auf Flößen, in alten Festungsgräben, in Parks, deren Gärtner streikten; Erinnerung an das erste Geld, das ich in die Hand bekam, es war ein Schein, der eine Ziffer trug, die Rockefellers Konto Ehre gemacht hätte: 1 Billion Mark; ich bekam eine Zuckerstange dafür; mein Vater holte die Lohngelder für seine Gehilfen in einem Leiterwagen von der Bank; wenige Jahre später waren die Pfennige der stabilisierten Mark schon knapp, Schulkameraden bettelten mich in der Pause um ein Stück Brot an; ihre Väter waren arbeitslos; Unruhen, Streiks, rote Fahnen, wenn ich durch die am dichtesten besiedelten Viertel Kölns mit dem Fahrrad in die Schule fuhr; wieder einige Jahre später waren die Arbeitslosen untergebracht, sie wurden Polizisten, Soldaten, Henker, Rüstungsarbeiter – der Rest zog in die Konzentrationslager; die Statistik stimmte, die Reichsmark floss in Strömen; bezahlt wurden die Rechnungen später, von uns, als wir, inzwischen unversehens Männer geworden, das Unheil zu entziffern versuchten und die Formel nicht fanden; die Summe des Leidens war zu groß für die wenigen, die eindeutig als schuldig zu erkennen waren; es blieb ein Rest, der bis heute nicht verteilt ist.

Schreiben wollte ich immer, versuchte es schon früh, fand aber die Worte erst später.

Aus: Heinrich Böll, Hierzulande in: Der Schriftsteller Heinrich Böll. Ein biografisch-bibliografischer Abriss. Köln/Berlin 1959, Kiepenheuer & Witsch, S. 24–26.

(2) Kurzbiografie: Heinrich Böll über sich selbst

Am 21. 12. 1917 wurde ich in Köln am Rhein als Sohn des Bildhauers und Tischlermeisters Viktor Böll und seiner Ehefrau Maria geborene Hermanns geboren. Zwischen 1924 und 1928 besuchte ich die Volksschule in Köln-Raderthal, ab 1928 bis 1937 das staatliche humanistische Kaiser-Wilhelm-Gymnasium in Köln. Im Frühjahr 1937 begann ich eine Lehre als Buchhändler (Verlag, Sortiment, Antiquariat) bei der Firma Matth. Lempertz in Bonn. Ich brach die Lehre im Frühjahr 1938 ab, begann mit ersten schriftstellerischen Versuchen, gab Nachhilfestunden, las sehr viel. Im Herbst 1938 wurde ich zum Reichsarbeitsdienst eingezogen, im Frühjahr 1939 nach Ableistung einer halbjährigen Dienstpflicht entlassen. Da die Ableistung des Arbeitsdienstes Bedingung zur Studienerlaubnis war, konnte ich im Sommersemester 1939 mit dem Studium der Germanistik und der alten Philologie beginnen. Im Spätsommer 1939 wurde ich kurz vor Kriegsbeginn zur deutschen Wehrmacht einberufen. Ich nahm am Zweiten Weltkrieg teil, im Herbst 1940 für kurze Zeit in Frankreich, von 1941 bis 1942 nach einer schweren Typhuserkrankung bei Ersatztruppenteilen in Deutschland, von Anfang 1942 bis Sommer 1943 an der Kanalküste in Frankreich, zwischen Sommer 1943 und Herbst 1944 in der Sowjetunion, Rumänien, Ungarn, ab

Frühjahr 1945 für wenige Wochen in Westdeutschland, wo ich den April 1945 in einem Lager in Frankreich, wenige Wochen im Oktober/November 1945 in einem englischen Lager in Belgien verbrachte.

Schon im Dezember 1945 zog ich aus der dörflichen Evakuierung mit meiner Frau und einigen Verwandten nach Köln zurück, wo wir in einem zerstörten Haus uns im Laufe der Jahre einrichteten. Ich fing wieder an zu schreiben, arbeitete gleichzeitig bei der Renovierung des zerstörten Hauses, nahm auch – lediglich formell, weil ein Berufsnachweis zur Erlangung einer Lebensmittelkarte erforderlich war – das Studium wieder auf. In den Jahren 1946 bis 1949 veröffentlichte ich Kurzgeschichten, im Jahre 1949 mein erstes Buch, eine längere Erzählung, ‚Der Zug war pünktlich'. Nach der ersten Einladung zu einer Tagung der Gruppe 47 im Jahre 1951 lernte ich viele deutsche Nachkriegsschriftsteller kennen, mit denen ich seitdem befreundet bin. Ganz besonderen Dank schulde ich und spreche ich hiermit aus an Hans Werner Richter, Alfred Andersch und viele andere, die ich im Einzelnen gar nicht aufzählen kann. Die Gruppe 47 hat viele deutsche Autorinnen und Autoren, auch wenn sich vorübergehende oder permanente Kontroversen während oder nach ihren Treffen ergaben, aus ihrer Isolation im zerstörten und disparaten Nachkriegsdeutschland befreit.

Seit 1942 bin ich mit Annemarie Cech verheiratet. Wir erlebten – schon vor unserer Heirat – bewusst und gemeinsam die faschistische Szene während der Naziherrschaft, den Krieg, die Nachkriegszeit, ergänzten und ergänzen uns in der Prüfung unserer Arbeiten.

Unser erstes Kind Christoph starb im Oktober 1945. Unsere Söhne Raimund, René und Vincent wurden in den Jahren 1947, 1948 und 1950 im zerstörten Köln geboren und wuchsen dort auf.

Zwischen 1950 und 1951 arbeitete ich als Aushilfsangestellter beim Statistischen Amt der Stadt Köln. Seit Sommer 1951 lebe ich als freier Schriftsteller mit festem postalischem Wohnsitz in Köln, aber ständig wechselndem Arbeitsplatz.

Aus: Der Schriftsteller Heinrich Böll. Ein biografisch-bibliografischer Abriss. Köln/Berlin 1959, Kiepenheuer & Witsch.

(3) Auswahl der Werke, der Literaturpreise und weiterführender Schriften

Werke

1949 Der Zug war pünktlich (Erzählung) dtv 818.
1950 Wanderer, kommst du nach Spa … (Erzählungen) dtv 437.
1951 Wo warst du, Adam? (Roman) dtv 856.
1953 Und sagte kein einziges Wort (Roman) Ullstein TB 141.
1954 Haus ohne Hüter (Roman) Ullstein TB 185.
1955 Das Brot der frühen Jahre (Erzählung) Ullstein TB 239.
1957 Irisches Tagebuch (Erzählungen) dtv 1.
1957 Im Tal der donnernden Hufe (Erzählung) Insel TB 647.
1958 Dr. Murkes gesammeltes Schweigen und andere Erzählungen. Insel TB 832.
1959 Billard um halbzehn (Roman) dtv 991.
1961 Erzählungen, Hörspiele, Aufsätze (Sonderausg. Bücher der Neunzehn 77).
1963 Ansichten eines Clowns (Roman) dtv 400.
1963 Hierzulande. Aufsätze zur Zeit. dtv sr 5311.
1966 Frankfurter Vorlesungen. dtv sr 5368.
1966 Ende einer Dienstfahrt (Erzählung) dtv 566.
1967 Aufsätze, Kritiken, Reden. dtv 616, 617.

1971 Gruppenbild mit Dame (Roman) dtv 969.
1973 Neue politische und literarische Schriften. dtv 1023 (Der Lorbeer ist immer noch bitter). dtv 1153 (Schwierigkeiten mit der Brüderlichkeit).
1974 Die verlorene Ehre der Katharina Blum (Erzählung) dtv 1150.
1979 Fürsorgliche Belagerung (Roman) Kiepenheuer & Witsch

Literaturpreise (u. a.)

1951 Preis der Gruppe 47
1953 Kritikerpreis für Literatur
Süddeutscher Erzählerpreis
1959 Kulturpreis der Stadt Wuppertal
1961 Literaturpreis der Stadt Köln
1965 Italienischer Literaturpreis
1967 Georg-Büchner-Preis
1972 Nobelpreis für Literatur
1974 Carl-von-Ossietzky-Medaille

Weiterführende Schriften zu Heinrich Böll (u. a.)

Der Schriftsteller Heinrich Böll. Ein biografisch-bibliografischer Abriss. Neu herausgegeben von Werner Lengning. München ^{5}1977. dtv 530.

In Sachen Böll. Ansichten und Einsichten. Hrsg. von Marcel Reich-Ranicki. München ^{3}1973. dtv 730.

Interpretation zu Heinrich Böll (verfasst von einem Arbeitskreis). Kurzgeschichten. 2 Bde. München 1965.

Edgar Neis, Erläuterungen zu Heinrich Bölls Romanen, Erzählungen und Kurzgeschichten. Hollfeld o.J. (Königs Erläuterungen 70).

Heinz Ludwig Arnold (Hg.), Heinrich Böll, in: Text und Kritik, Bd. 33. München ^{2}1974, Erich Borberg Verlag.

Heinrich Böll über Literatur

(4) Rose und Dynamit (1958)

Es ist eine rührende, doch leider unzulässige Vorstellung, es gäbe so etwas wie einen christlichen Roman. Die Christen erwarten herkömmlicherweise von einem Roman, den ein Christ geschrieben hat, die literarische Bestätigung der Glaubenswahrheiten, den Beweis dafür, dass das Glück in der Ordnung liege. Sie kommen mir immer wie jene Gesunden vor, die täglich zum Arzt laufen. Schlägt das Herz noch regelmäßig? Sind Verdauung und Zirkulation noch in Ordnung? „Ja, ja", sagt dann der Arzt, er unterdrückt seine Ungeduld, denn schließlich ist es sein Broterwerb, und Privatpatienten muss man schonend behandeln. „Ja, ja", sagt er, „es ist alles in Ordnung", und der Gesunde geht getröstet von dannen: Er hat einen vollen Tag in Gesundheit vor sich. Oder hat der Arzt etwas verheimlicht? Er hat etwas verheimlicht: den Tod, dessen Auftritt nicht seiner Regie unterliegt.

Es ist ein merkwürdiger Irrtum, dass die Christen von *ihrer* Literatur erwarten, was der Religionslehrer ihrer Kinder auf völlig unmissverständliche Weise ausdrückt: Du sollst nicht töten! Du sollst nicht begehren deines Nächsten Weib. Du sollst nicht – wie es in den Heiligen Schriften zu finden. Die Literatur, die von Christen gemacht wird, ist einzig und allein den Maßstäben der Literatur unterworfen; es gibt keinen christlichen Stil, gibt keine christlichen Romane; es gibt nur Christen, die schreiben, und je mehr sich ein Christ als Künstler auf Stil und Ausdruck konzentriert, desto christlicher wird sein Werk. Die Sprache ist ein Geschenk Gottes, eines der größten, denn Gott hat sich, wenn er sich offenbarte, immer der Sprache bedient; die Sprache ist dem, der sie schreibt, wie eine Geliebte, die zahllose Gaben bereithält; Regen und Sonne, Rose und Dynamit, Waffe und Bruder ist sie, und in jedem Wort ist etwas immer enthalten, wenn auch unsichtbar, unhörbar: Tod – denn alles Geschriebene ist gegen den Tod geschrieben.

Schreiben ist ein gefährliches Unternehmen, denn die Geliebte lässt sich nicht auf Legalisierung des Verhältnisses ein; sie will nicht geheiratet werden; die Liebe kann ihr nie zur Pflicht gemacht werden, und eines scheut sie am meisten: Wenn der Partner sie in das Korsett seiner Gedanken zwingt; sie rächt sich, indem sie ihm hölzerne Kinder gebärt: christliche Literatur (oder solche, der die Uniform des sozialistischen Realismus passen würde). Es gibt Glücksfälle, wo einer zugleich ein Genie und ein Heiliger war: der Sonnengesang des hl. Franz, die Gedichte des hl. Johannes vom Kreuz, Literatur, die von Christen gemacht wurde und doch christliche Literatur ist, aber sowohl Heiligkeit wie Genie entziehen sich der Analyse.

Würden die Schriftsteller, die Christen sind, den überkommenen Begriff der christlichen Literatur als einen Maßstab anerkennen, sie wären tatsächlich wie Ärzte, die ihre Privatpatienten schonender behandeln als die Kassenpatienten.

Christliche Literatur ist ein Marktbegriff – der Markt ist allerdings groß; man schreibt weder für noch gegen ihn. Wer schreibt, ist Gesetzen unterworfen, die außerhalb seiner Religion liegen.

Es gibt keine Theologie der Literatur. Gäbe es sie, sie würde zu verblüffenden Ergebnissen kommen, würde manchem Nichtchristen attestieren[1] müssen, dass er „verkündigt“, und manchen Christen in Bann tun müssen, weil

[1] (lat.): bescheinigen

er, indem er um des Marktes willen die Kunst verletzt, die Ordnung verletzt.

Viel mystische Literatur ist noch verborgen, weil sie beides ist: Rose und Dynamit, wohl duftender Sprengstoff, aus Archiven geholt, die von Engeln *und* von bösen Geistern bewacht sind; es bleibt ein Geheimnis.

Aus: Heinrich Böll, Aufsätze. Kritiken. Reden. Köln/Berlin 1967. Kiepenheuer & Witsch, S. 44–45.

(5) Auszug aus den Frankfurter Vorlesungen (1963/1964)

Es fällt der zeitgenössischen Literatur eine Verantwortung zu, der sie nicht gewachsen ist. Nichts sagende Politik, nichts sagende Gesellschaft, eine gewisse Hilflosigkeit der Kirchen, die soziale Wirklichkeit suchen und immer scheuer auf der Verbindlichkeit ihrer Moral bestehen, sich ein wissenschaftliches Alibi suchen, was ihnen nicht zukommt, sich nichts sagend äußern – gelegentlich wie die Gesellschaft, die Politik, schleichende Denunzierungsvokabeln[2] anwenden –, alles das bringt, wie ich sagte, die zeitgenössische Literatur in eine Verantwortlichkeit, die ihr die erotischen, sexuellen, religiösen und sozialen Probleme auflädt, ihr deren Behandlung aber auch wiederum ankreidet. […]

Die Politiker bilden sich immer zu viel ein, wenn sie sich von zeitgenössischer Literatur – und das trifft nicht nur für unsere Epoche und nicht nur für Deutschland zu – gestört, in ihren löblichen Absichten gekränkt sehen. Was politisch oder sozialkritisch an der zeitgenössischen Literatur sein mag, ergibt sich aus dem jeweils vorkommenden Material. Ein Autor sucht Ausdruck, er sucht Stil,

[2] denunzieren (lat.): jemanden aus niedrigen Beweggründen beschuldigen bzw. anzeigen

und da er mit dem schwierigen Geschäft zu tun hat, die Moral des Ausdrucks, des Stils, der Form mit der Moral des Mitgeteilten übereinzubringen, werden Politik und Gesellschaft, ihr Wortschatz, ihre Riten, Mythen, Gebräuche zum vorkommenden, vorhandenen Material. Wenn sich die Politiker und die Gesellschaft gekränkt oder bedroht fühlen, so erkennen sie nicht, dass es dabei immer um mehr als um sie geht. Sie sind nicht einmal ein Vorwand, nur selten ein Anlass, kaum jemals auch als Modell geeignet: Es geht über sie hinweg, an ihnen vorbei. Ein Autor nimmt nicht Wirklichkeit, er hat sie, schafft sie, und die komplizierte Dämonie auch eines vergleichsweise realistischen Romans besteht darin, dass es ganz und gar unwichtig ist, was an Wirklichem in ihn hineingeraten, in ihm verarbeitet, zusammengesetzt, verwandelt sein mag. Wichtig ist, was aus ihm an geschaffener Wirklichkeit herauskommt und wirksam wird. Dass selbst in den weniger subtilen[3] Formen der Literatur, in allem Geschriebenen, in jeder Reportage, Verwandlung stattfindet (Transposition), Zusammensetzung (Komposition), dass ausgewählt, weggelassen, lange „Ausdruck" gesucht wird, diese Binsenwahrheit müsste allmählich bekannt sein. Nicht einmal eine Fotografie ist ja wirklichkeitsgetreu: Sie ist ausgewählt, hat einige chemische Prozesse hinter sich, sie wird reproduziert. Und wenn einer in einem Roman Wirklichkeitstreue oder Lebensnähe entdeckt, so entdeckt er geschaffene Wirklichkeit und geschaffene Lebensnähe.

Aus: Heinrich Böll, Frankfurter Vorlesungen. Bd. 7 der Reihe „Essay", hrsg. von Manès Sperber, Köln/Berlin 1966, Kiepenheuer & Witsch.

[3] (lat): fein, zart

(6) Zur Verteidigung der Waschküchen (1959)

Ein Kritiker klopfte mir nach Erscheinen eines meiner Bücher lobend auf die Schulter, indem er feststellte, dass ich nun das Armeleutemilieu verlassen habe, meine Bücher von Waschküchengeruch frei und der sozialen Anklage bar seien. Dieses Lob wurde mir gespendet zu einer Zeit, da eben bekannt zu werden begann, dass zwei Drittel der Menschheit hungern, dass in Brasilien Kinder sterben, die niemals erfahren haben, wie Milch schmeckt; geschah in einer Welt, die nach Ausbeutung stinkt; in der Armut weder Station zum Klassenkampf noch mystische Heimat mehr ist, nur noch eine Art Aussatz, vor dem man sich zu hüten hat und den zum Gegenstand seiner Arbeiten zu wählen einem Autor angekreidet werden kann, ohne dass man sich die Mühe machen muss festzustellen, ob eine Kongruenz von Form und Inhalt hergestellt sei.

Mich persönlich betrifft der Vorwurf kaum, bedeutsamer finde ich die geistige Unklarheit, die aus einem solchen Vokabularium spricht, denn wenn eine „Waschküche" kein der Literatur würdiger Ort ist – wo sind die der Literatur würdigen Orte, wo muss Literatur, wie man so hübsch unklar zu sagen pflegt, angesiedelt sein? Siedle, wer da siedeln mag, mithilfe einer Bausparkasse, unter Ausnutzung aller Steuervorteile.

Das Gespenst, vor dem solche Geistigkeit Angst hat, trägt einen hässlichen Namen, es heißt: Kleinbürger. Was besagt diese Vokabel noch in einer Zeit, da die Könige sich kleinbürgerlicher geben, als unsere Großväter es taten; da Marschälle ihre Krawatte so binden, dass sie dem Manne auf der Straße gefällt; jedermann, auch der schärfste Nonkonformist[4], ängstlich auf sein Publikum

---

[4] (lat.): jemand, der sich von der herrschenden Meinung freimacht

lauert; was hat die Waschküche bloß so Empörendes, wenn pensionierte Generale Publicity Manager bei Großwäschereien werden?

Merkwürdigerweise entsinne ich mich nicht, jemals in einer meiner Geschichten oder in einem Roman eine Waschküche beschrieben oder auch nur erwähnt zu haben; fast fühle ich mich verpflichtet, in einem nächsten Buch eine zu erwähnen; vielleicht schreibe ich einen Waschküchenroman, aber ich lasse ihn dann in China oder im Vorderen Orient spielen. Allerdings könnte ich mich dann nicht der Einzelheiten bedienen, wie ich sie aus den Erzählungen meiner Frau kenne. Meine Frau weiß nämlich zu berichten, dass in dem kleinen Städtchen, aus dem ihre Großmutter stammte – zufällig stammte auch meine Großmutter aus diesem Städtchen, und so könnte ich alles recht penetrant[5] beschreiben –, der Waschtag ein besonderer Festtag war. Zur Zeit unserer Großmütter wurde in jenem Städtchen – es heißt Düren – der Waschtag noch als Fest gefeiert. In der Zeit hoch gefüllter Leinenschränke wusch man nur einmal im Monat, wusch ganze Berge, fuhr dann zu den Ruhrwiesen, wo die Wäsche gebleicht wurde, während man von Kutschen Bierfässer, Schinken, Brote, kleine Butterfässchen ablud; zu den waschenden Maiden gesellten sich die zur Untätigkeit neigenden Halbstarken jener Zeit; es wurde getanzt, getrunken, gespielt – am Abend lud man die gebleichte Wäsche, die geleerten Fässer und Körbe wieder auf die Kutschen und fuhr nach Hause. Das Wäschewaschen war eine fröhliche Angelegenheit und es tut mir Leid, dass ich mir diese Episoden bisher entgehen ließ.

Natürlich wusch auch meine Mutter Wäsche (welch ein erniedrigender Zustand!); sie wusch in der Waschküche,

[5] (lat): aufdringlich

meistens am Montagmorgen. In der ganzen weiten Welt flattern am späten Montagvormittag Hemden und Leinentücher, Taschentücher und die Unaussprechlichen auf den Wäscheleinen und dieser Anblick hat mich nie deprimiert, vielmehr getröstet, kündet er doch von der unermüdlichen Energie, mit der sich die Menschheit des Schmutzes entledigt; und die Rheinkähne, wie ich sie von meiner Kindheit bis heute kenne, schleppen immer eine Wäschefahne stromauf, stromab. Ich habe nichts gegen Wäschewaschen und nichts gegen Waschküchen, sie werden nur – im Zeitalter der Waschmaschinen – immer seltener und werden vielleicht eines Tages in Heimatmuseen zu besichtigen sein: Waschküche, kleinbürgerlich, Anfang 20. Jahrhundert.

Ich könnte mir vorstellen, dass sich in einer Waschküche ein Drama abspielte; wo doch so viele Dramen in Schlössern spielen, Dramen, deren Dialog in einem vier Stunden währenden Austausch von Banalitäten besteht. Leichten Herzens verteidige ich die Waschküche, die ich nie beschrieben habe. Wenn ich meiner Mutter Anmachholz und Briketts in ihre Waschküche brachte und mich vergeblich – wie später unzählige Male ebenso vergeblich als angeschnauzter Sklave bei der Wehrmacht – als Ofenanzünder versuchte, habe ich nicht die schlechtesten Weisheiten erfahren und nicht wenig erzählt bekommen; wie viel Ochsen man schlachtete, wenn Kirmes gefeiert wurde; wie man aus den Kneipen das Geld am Samstagabend schürzenvoll in die Wohnstube trug; wie gewisse Leute nach Köln fuhren, mit dem D-Zug am Morgen, um dort – so nannte man es – die *Kölnische Zeitung* zu lesen, und wie einer meiner Altvorderen sich dem Trunke ergab, konsequent, bis er – „ich habe es selbst gesehen" –

[6] (lat): Alltäglichkeiten

sein letztes Hemd um ein paar Gläser Bier in Zahlung gab.

Was das Armeleutemilieu betrifft, so frage ich mich schon lange, welche anderen Milieus es noch gibt: das Feineleutemilieu, das Kleineleutemilieu (nach dem Motto: arm aber brav), das Großeleutemilieu; das Großeleutemilieu ist mir durch die Geschicklichkeit moderner Reklame erspart: Die Großen der Welt trag Rolex-Uhren. Was habe ich da noch mitzuteilen? Die kleinen Leute? Ich bin größenblind, so wie man farbenblind ist, ich bin milieublind und versuche Vorurteilslosigkeit zu üben, die gar oft mit Urteilslosigkeit verwechselt wird. Größe ist eine Vokabel, die nicht vom sozialen Ort abhängt, so wie Schmerz und Freude unabhängig vom Sozialen sind; auch in Waschküchen werden stundenlang Banalitäten ausgetauscht und vielleicht gibt es unter den Großen der Welt tatsächlich Große; geben wir ihnen eine Chance. Dostojewskis Romane haben zum Teil verflucht unangenehme Titel: Arme Leute und Erniedrigte und Beleidigte, und sieht man sich das Milieu an, in dem sich ein gewisser Rodion Raskolnikow bewegt oder gar ein Fürst mit dem Namen Myschkin – so ist das tatsächlich empörend; man hätte ihnen allen Rolex-Uhren schenken sollen, auf dass sie sich wahrhaft groß fühlten, und man hätte Dostojewski mitteilen sollen, er möge sich endlich in feinere Kreise begeben; man sollte ihm postum die Frage stellen, ob auch zu seiner Zeit mehr als zwei Drittel der Menschheit hungerten.

Es gab eine Zeit, in der alles, was nicht adlig war, überhaupt nicht als literaturfähig galt; dass man einen Kaufmann als der Feder eines Dichters für würdig befand, galt als eine Revolution, war eine; dann kamen jene Verbrecher, die sogar den Arbeiter literaturfähig machten, kunstfähig; inzwischen gibt es Kunsttheorien, die alles, was *nicht* arbeitende Klasse ist, für literaturunwürdig erklären. Sollte sich in unserer gesegneten Gesellschaft eine Gegentheorie dazu bilden? Das wäre interessant, aufschlussreich und einer ausführlichen Analyse würdig.

Aus: Heinrich Böll, Hierzulande in: Der Schriftsteller Heinrich Böll. Ein biografisch-bibliografischer Abriss. Köln/Berlin 1959, Kiepenheuer & Witsch.

Christentum und Sexualität in den 50er-Jahren

(7) Vom ‚Freund' und vom Küssen

Eines Tages spürt das Mädchen, dass ihm die Freundin nicht mehr „Alles" ist; seinem Leben fehlt etwas, etwas Wichtiges, gleichsam die Ergänzung. Vielleicht bist du schon in dem Alter, wo dir die Jungen nicht mehr gleichgültig sind. Es kann sein, dass da einer ist, der dir besonders gefällt; es zieht dich zu ihm hin, du möchtest, dass er dich beachtet, dass du ihm gefällst – und doch läufst du vielleicht davon, wenn du ihm begegnest. Irgendwie spürst du: Es ist nicht ganz richtig, jetzt schon mit einem Jungen „anzubandeln". Freilich ist es keine Sünde, sich zu verlieben. Aber – meistens ist es ein großer Schaden, wenn die Verliebtheit *zu* früh über dich kommt. Die meisten Mädchen vertun dadurch ihre beste Liebeskraft, schon ehe sie als reife Menschen dem Mann fürs Leben begegnen. Es kommt vor, dass zwei Menschen schon als Kinder fühlen, dass sie zusammengehören – aber das sind Ausnahmen. Du wendest vielleicht ein: ‚Warum soll ich keinen Freund haben? Wir wollen nichts Böses. Wir verstehen uns und sind die besten Kameraden. Unsere Gespräche sind vielseitiger als die zwischen Mädchen …' Nun lass dir eins sagen: Bei allen natürlich veranlagten jungen Menschen kommt bald ein Punkt, wo die

Freundschaft unmöglich wird, weil die Verliebtheit beginnt. Es gibt keine echte Freundschaft zwischen den Geschlechtern – „nur“ eine Kameradschaft, bei der es um gegenseitiges Helfen geht, um gemeinsame Interessen; man geht zusammen ein Stück Weges und kann sich jederzeit wieder trennen, ohne dass es tief schmerzt. Aber wem der Sinn (und die Sinne) nach Liebe – nach einem wirklichen Freund – steht, der meint mehr: Ausschließlichkeit, Treue. Das aber setzt sehr viel voraus: Selbsterkenntnis, Geduld, Opferfreude. Ist es noch nicht so weit mit dir, dann übe dich zuerst in der Selbstbeherrschung. Und überdies, glaub mir: Deine Liebeskraft ist nicht unerschöpflich; du musst sie aufsparen, damit sie sich einmal für den Mann, den du heiraten wirst, für deine Kinder entfalten kann. Viele Liebeleien verplempern deine Liebesfähigkeit, noch ehe du erwachsen bist. Bei dir ist der seelische Liebestrieb stärker als beim Jungen – aber bei ihm ist der Naturtrieb viel mächtiger. Darum muss ein Mädchen, das ja nicht wissen kann, was im Jungen während der Reifezeit vorgeht, beizeiten einsehen, dass es besser ist, wenn jedes in diesen entscheidenden Lebensjahren für sich allein bleibt. Unreifes Obst hält sich nicht – unreife Menschen sind noch nicht zur Liebe bestimmt. ‚Eine Liebelei, ein Kuss, was ist schon dabei?‘, meinen viele. „Küssen ist keine Sünd“, ist ein billiges Schlagwort und junge Leute, die danach handeln, meinen vielleicht am Anfang, es stimme auch. Aber ein kluges Mädchen denkt anders. Für sie ist der Kuss ein Zeichen der Verehrung, der echten Liebe. Denk an den Kuss des Evangelienbuchs und des Altars durch den Priester, an den Kuss der Eltern für die Kinder. Der Kuss von Braut und Bräutigam besiegelt das Treuebündnis, das fürs ganze Leben gilt, Symbol ihrer Liebe, die bis zum Tod dauern soll. Ein Kuss ist zugleich innige und zarte, zärtliche körperliche Berührung, äußeres Zeichen einer tieferen Empfindung. Wie kann man dieses Zeichen geben, ohne mit dem Herzen dabei zu sein – vielleicht aus Neugier, aus Sinneslust? Ist das nicht würdelos? Merkst du, dass man damit etwas Wertvolles leichtfertig preisgibt? Viele Mädchen lachen, wenn sie hören, man solle sich dieses innige Zeichen der Liebe, dieses schöne Erlebnis für den Lebensgefährten aufheben. Sie glauben nicht, dass leichtfertig verschenkte Küsse billige Ware sind, dass ein Mädchen dadurch etwas von seiner Unberührtheit verliert. Aber es ist schon so: Auch Jungen, die gern mit Mädchen „gehen“, haben im Grund Respekt vor einer, die nicht „mitmacht“, die weiß, was sie will. Wenn sie erwachsen sind, wollen sie nichts mehr von jenen wissen, denen man leicht einen Kuss „rauben“ konnte.

Wenn du aber einen Jungen wirklich gern haben solltest und fühlst, dass er dich auch mag, dass er nicht oberflächlich ist und dich achtet, dass er nicht mit dir spielen will: Dann musst du genauso warten und jeder von euch muss für sich allein heranwachsen und reif werden für die eine große Liebe. Es wird sich dann erweisen, ob eure Gefühle standhalten.

Aus: Marianne Reis, Antwort für Dich. Ein offenes Wort an reifende Mädchen. Donauwörth o. J. Verlag Ludwig Auer (Kirchliche Druckereierlaubnis vom 5. Sept. 1955).

(8) Sechstes und neuntes Gebot

Fliehet die Unkeuschheit! Verherrlicht und traget Gott in eurem Leibe!

1 Kor. 6, 18.20

Schamhaftigkeit

Sie ist eine Schutztugend der Keuschheit. Wenn auch an sich die Sünden gegen diese Tugend lässliche Sünden sind, so mahnt uns doch die Tatsache, dass ohne sie die Keuschheit nicht bewahrt werden kann, zu heiligem Ernst.

Hast du aus Leichtfertigkeit oder aus unbeherrschter Neugierde gesündigt durch unschamhafte Blicke? Durch unschamhafte Gedanken und Vorstellungen? Durch unschamhafte Reden? Durch unschamhaftes Benehmen bei dir selbst? Vor anderen?

Keuschheit

Sünden gegen die Keuschheit, wenn sie mit klarer Erkenntnis und mit voller Absicht oder voller Einwilligung geschehen, sind schwere Sünden.

Hast du verbotene Regungen des Geschlechtstriebes oder unkeusche Lust gesucht und geweckt oder darin eingewilligt? Durch unkeusche Blicke? Wie oft? Durch unkeusche Gedanken und Vorstellungen? Wie oft? Durch unkeusche Reden? Wie oft? Durch Aufsuchen der nächsten Gelegenheit? Welcher? Wie oft? Durch unkeusche Werke an dir selbst? Wie oft? Durch unkeusche Werke mit anderen (Männern oder Frauen)? Wie oft? Handelt es sich um ein unerlaubtes Verhältnis? Um bräutliche Untreue? Hast du anderen Anlass zur Unkeuschheit gegeben? Wodurch? Wie oft? Wie vielen? Hast du andere zur Unkeuschheit verführt? Wie oft? Wie viele? Hast du deinen Brautstand durch Unkeuschheit entheiligt?

Aus: Oremus. Gebetbuch und Gesangbuch für das Bistum Aachen. Mönchengladbach o. J., S. 583/584, Verlag B. Kühlen.

(9) Psalm 122 und 137

PSALM 122

Gruß der Pilger an Jerusalem

122 [1 Ein Wallfahrtslied, von David.]

Voll Freude war ich, da sie mir sagten: / Wir ziehen zum Hause des Herrn!

2 Schon treten unsere Füße / in deine Tore, Jerusalem.

3 Jerusalem, du Stadt, so herrlich erbaut, / gar fest gefügt und geschlossen.

4 Dorthin ziehn die Stämme hinauf, die Stämme des Herrn, / nach Israels Gesetz, den Namen des Herrn zu lobpreisen.

5 Aufgestellt sind dort die Throne der Richter, / die Throne des Hauses David.

6 Erfleht für Jerusalem, was ihm dienet zum Frieden! / Allen, die dich lieben, ergehe es wohl!

7 Friede herrsche in deinen Mauern, / Sicherheit in deinen Palästen!

8 Ich rufe ob meiner Brüder und Freunde: / Über dich komme Friede!

9 Ich flehe ob dem Hause des Herrn, unseres Gottes: / Segen sei dir beschieden!

PSALM 137

Lied der Verbannten

137 1 An den Flüssen von Babylon saßen wir und weinten, / da wir deiner gedachten, o Zion.

2 An den Weiden in jenem Lande, / da hängten wir unsere Harfen auf.

3 Denn Lieder wollten hören, die uns hinweggeführt; / die uns bedrückten, forderten Freudengesang: / „Singet uns von Zion ein Lied!“

4 Wie sollten wir singen die Lieder des Herrn / im Lande der Fremden!

5 Jerusalem, wollte ich deiner vergessen, / vergessen auch sei meine Rechte.

6 Es klebe mir die Zunge am Gaumen, / sollte ich deiner nimmer gedenken;

Wollte ich nicht erheben Jerusalem / über all meine Freude.

7 Vergiss nicht, Herr, an den Söhnen von Edom / den Tag von Jerusalem;

Da sie schrien: Reißt nieder, reißt nieder, / hinab mit ihm bis auf den Grund!

8 Tochter Babylon, Verwüsterin du, / gesegnet, wer dir vergilt, was du uns Böses getan!

9 Gesegnet, wer deine Kinder ergreift / und sie zerschellt an dem Felsen!

Die Heilige Schrift. Vollst. deutsche Ausgabe. Herder Freiburg i. Br./Basel/Wien, nach der 3. A. o.J. (1965).

Zum Schriftsteller Heinrich Böll

(10) Wolfdietrich Rasch: Lobrede und Deutung

[…] Böll hat die Gabe zu fesseln, zu spannen, den Leser in Bann zu schlagen, so, dass er nicht mehr losgelassen wird. Vom ersten Satz seiner Erzählung an – es ist oft ein ganz simpel scheinender Satz – beginnt diese suggestive, festhaltende Wirkung. „Damals in Odessa war es sehr kalt", so fängt eine Geschichte an und man ist sofort im Raum der Erzählung, die Erwartung spannt sich. Ein anderes Beispiel: „Sie haben mir jetzt eine Chance gegeben. Sie haben mir eine Karte geschrieben, ich soll zum Amt kommen …" Auch da horcht man auf, so alltäglich der mitgeteilte Tatbestand ist. Man möchte wissen, was es mit dieser Nachricht auf sich hat. Solche fesselnde Wirkung hält an, obwohl den Geschichten der Reiz des Sensationellen, des Abenteuerlich-Bunten fehlt, oder auch der Reiz des Gefällig-Unterhaltsamen, des Beruhigenden, Tröstlichen, der angenehmen Lebensbilder. Vielmehr erscheint hier eine harte, bittere, unbeschönigte Welt, die alltägliche Wirklichkeit der Kriegs- und Nachkriegsjahre: ihre Räume und Gegenstände, ihre Situationen, ihre Menschen. Es sind zumeist Menschen, die in Not und Angst, unter beengendem Druck und dumpfen Gewalten sich in ein Dasein gefesselt sehen, das sie nicht begreifen, nicht bewältigen, in dem sie nicht heimisch werden.

Bölls Erzählergabe sichert ihm unmittelbare Wirkung. Aber *was* er erzählt, *wie* er erzählt, das erregt manches Ärgernis, erzeugt Unbehagen, Unruhe bei denen, die bloß mit dem Strom schwimmen wollen, die allzu zeitgerecht leben und sich den Erfolg verheißenden Spielregeln der gegenwärtigen Wirklichkeit ohne Vorbehalt anzupassen suchen. Das Lesen von Bölls Erzählungen erschwert diese Anpassung. Man spürt da, dass im selbstzufriedenen Behagen ein Verlust enthalten ist, im Wohlstand eine Verarmung, im Erfolg Versäumnis. Was da versäumt, verloren und eingebüßt wird, das wissen die Menschen in Bölls Erzählungen nicht genau zu sagen. Denn es sind keine reflektierenden, ihren Zustand analysierenden Menschen. „Ich weiß nicht, was uns fehlt", sagt der ratlos im Leben umherirrende Heimkehrer in der Erzählung ‚Geschäft ist Geschäft'. – „Ich weiß nicht, was uns fehlt. Vielleicht entdeckt es eines Tages ein Professor und schreibt es in die Zeitung: Sie haben für alles eine Erklärung." Wenn Bölls Menschen nicht wissen, woran es ihnen eigentlich mangelt, so wissen sie wenigstens, *dass* ihnen etwas fehlt, etwas Wesentliches, dass ihnen ein menschlich erfülltes Dasein vorenthalten bleibt. Durch dieses lebhaft wache Bewusstsein unterscheiden sie sich von den Angepassten, die sich allzu willig in die verwaltete Welt unserer Tage fügen.

Jede Erzählung Bölls setzt uns in Misstrauen gegenüber unserer Wirklichkeit, unseren Lebensverhältnissen. So vielfältig die Motive dieser Geschichten sind, sie halten alle eine klare Linie des Widerstandes ein. Bölls Abwehr und Misstrauen gilt freilich überhaupt dem, was man Wirklichkeit nennt: dem Vorhandenen, das bloß deshalb, weil es real ist, eine stumpfe Übermacht behauptet und einen fatalen Anspruch erhebt. Weil diese Wirklichkeit nun einmal da ist, müsse alles so sein, wie es tatsächlich ist, das vorhandene Wirkliche sei das Einzige, sei alles, was es überhaupt geben kann. Bölls Dichtung entfaltet sich am Widerstand gegen diesen Anspruch der kompakten Realität, aus dem Spannungsverhältnis zu ihr springt der Funke erzählerischer Inspiration. Er erfindet Geschichten, einfache, klar gebaute, von innerer Spannung vibrierende Storys, die gleichzeitig auch mehr sind:

Enthüllungen, Bloßlegungen einer Wahrheit, auch Anklage und Protest – aber es ist stets ein dichterisch geformter, in die Gestalt der Erzählung eingeformter Protest, als Gleichnis sich darstellend.

Was Böll davor bewahrt, jenem massiven Anspruch der Realität zu erliegen, das ist eine ganz unpretentiöse, unaufdringliche, substanzechte Humanität, ich möchte sagen: die natürliche Humanitas eines wachsamen Herzens, eines zarten und unbeirrbaren Gewissens. Es ist auch nicht zuletzt Bölls christlich-katholische Gläubigkeit. Sie gibt ihm Standfestigkeit gegenüber den vordergründigen Wirklichkeiten, aber sie verschafft ihm nie eine bequeme Geborgenheit oder ein hochmütiges Sicherheitsgefühl. Sie enthebt ihn keineswegs etwa der Realität in dem Sinne, dass die wirkliche Not, das tatsächliche Leiden der Menschen für Bölls Gefühl entschärft oder unwichtig würde, weil es nur zeitlich-irdische Leiden sind. Die Religiosität Heinrich Bölls macht ihn empfindlich gegen die konventionell entleerten, veräußerlichten Formen der Frömmigkeit. Auch hier ist eine Stelle der scheinhaften, selbstgerechten Realität, die Böll demaskiert und unerbittlich bloßlegt – auch hier ist er unbequem und anstößig.

Wenn aber Bölls christlich bestimmte, im wachsamen Herzen wurzelnde Humanität der bloßen Wirklichkeit überhaupt mit Misstrauen und Vorbehalt begegnet, so trifft dieses Misstrauen besonders die Wirklichkeit unserer Tage. Böll ist aufgewachsen in den Jahren, die man heute leichthin „die Zeit zwischen den Kriegen“ nennt, die Epoche „entre deux guerres“. In der sachlichen Formel birgt sich ein schrecklicher, grausamer und schuldhafter Tatbestand. Die Menschen suchen ihn zu vergessen, aber – so meint Böll – sie können das im Grunde nicht und sie dürfen ihn nicht vergessen. Darum erinnert er in vielen

Motiven seiner Geschichten und Romane an den Krieg, auch wenn sie nicht mehr in der Kriegszeit spielen. Offenbar beunruhigt ihn der Gedanke, ob wir jetzt vielleicht wieder „zwischen zwei Kriegen“ leben, ob sich das Grauen wiederholen wird. Und darum ist ihm die Gegenwart und ihr selbstzufriedenes Treiben verdächtig, die stabil aussehende Fassade einer Sicherheit scheinhaft und trügerisch. Böll setzt sich mit solcher Problematik unserer Zeit nicht räsonierend auseinander, sondern gestaltend, durch eine Anspannung der Formkräfte, die vielleicht nicht jedem bemerkbar wird, die aber in Wirklichkeit außerordentlich ist. Er erörtert nicht, er erzählt. Aber seine Deutung der Zeitwirklichkeit wird z. B. darin sichtbar, dass er mit Sympathie und Liebe offensichtlich nicht die zeitgemäßen und erfolgreichen Menschen darstellt, sondern die Außenseiter, die Erfolglosen, diejenigen, die auf den Strand gesetzt werden und nicht recht mittun. [...]

Aus: Wolfdietrich Rasch, Lobrede und Deutung; in: Der Schriftsteller Heinrich Böll. Ein biografisch-bibliografischer Abriss, Köln/Berlin 1959, Kiepenheuer & Witsch, S. 8–12.

(11) Stefan Heym: Das Establishment und die Verantwortung

[...] In einer Zeit, in der es Mode geworden ist, mit vielen Worten so wenig wie möglich oder gar nichts zu sagen, ist ein Mann, der dem Wort Gewicht zumisst und sich selbst eine Verantwortung dafür, eine erfreuliche Erscheinung. Von dem Willen zur Aussage ist beim Schriftsteller, beim Romancier, nicht trennbar der Wille zum Erzählen; Böll erzählt tatsächlich; seine Menschen sind Menschen, nicht Schemen; sie haben Schicksale, sie entwickeln sich; da gibt es Anfang, Mitte, Ende, Schürzung des Knotens,

Spannung; und auch dort, wo er kunstvoll die Zeiten ineinander schachtelt, das Thema mal durch die eine, mal durch die andere seiner Personen betrachtet, ist die Form immer nur Mittel zum Zweck, bleibt primär die Erzählung, die allerdings vielschichtig genug ist und mitunter in Tiefen vorstößt, vor denen manch anderer zurückscheut.

Es ist interessant, Bölls Architektur zu verfolgen: wie da die Elemente miteinander verflochten sind; nichts sticht leer in den Raum, nichts hängt über, die Schicksale sind verknüpft und spitzen sich zu auf den Punkt der Katharsis[7]. Das ist bewusste Arbeit und Böll hat uns einiges von seiner Arbeit berichtet, von den farbigen Tabellen, die er sich anfertigt und auf denen die drei Schichten erscheinen, die er in seinen Romanen hat: die reale, das heißt die Gegenwart; die Reflektiv- oder Erinnerungsebene; die Ebene der Motive.

Die Verantwortung für das Wort ist unter anderem die Verantwortung für das richtige Wort. Das Risiko ist groß. Der kleinste Versager kann Verlust des gesamten bisher mühsam Erworbenen, des Rufes, bedeuten. Böll vergleicht einmal, zunächst schockierend, die Arbeit des Schriftstellers mit der des Einbrechers, „der in tödlicher Einsamkeit nachts den Tresor aufknackt … Schriftsteller und Dichter setzen mit jeder neuen Arbeit … alles, was sie bisher geschrieben haben, aufs Spiel: Es ist das Risiko, den Tresor leer zu finden, geschnappt und um den Ertrag aller früheren Einbrüche gebracht zu werden …“

Ja, es stimmt schon, wir sind wie Einbrecher. Immer wieder, in tödlicher Einsamkeit, versuchen wir einzubrechen in die Bereiche der menschlichen Seele und wehe uns, wenn wir sorglos arbeiten.

---

[7] (gr.: Reinigung; hier: Läuterung der Seele von Leidenschaften (nach Aristoteles' Dramentheorie)

Die Verantwortung für das Wort ist aber auch die Verantwortung für das wahre Wort, selbst wenn die Wahrheit unbequem ist. Was die Wahrheit den Schriftsteller kosten kann, weiß Böll: Er berichtet von Wolfgang Borchert, der, zwanzigjährig, sechs Wochen in der Todeszelle hockte einiger Briefe wegen, in denen er seine Meinung über Hitler und den Krieg geschrieben hatte. Böll verlangt vom Schriftsteller ein gutes, scharfes und vor allem unbestechliches Auge, mit dem er sogar Dinge erfasst, die in seinem optischen Bereich noch nicht aufgetaucht sind.

Er wendet sich gegen jene, die sich eine Binde vors Auge legen lassen oder sich, je nach Wunsch und Bedarf, eine rosarote, blaue oder schwarze Brille aufsetzen lassen. „Rosarot wird gut bezahlt, es ist meistens sehr beliebt … und wenn es gerade beliebt ist, wird auch Schwarz gut bezahlt.“ Und das in Deutschland! … „Wir leben im Lande der Opportunisten[8]“, stellt Böll fest, „man weicht den Entscheidungen aus …“ Aber: „… es wird sich jene Instanz melden, die beim Namen zu nennen schon verdächtig geworden ist: das Gewissen.“

Böll, katholisch geboren und geblieben, schlägt sich viel mit seinem Gott und seiner Kirche herum. Fest und unerschütterlich bei ihm ist der Glaube an die Macht des Gewissens, zumindest seines eigenen. […]

Aus: Stefan Heym, Das Establishment und die Verantwortung; in: In Sachen Böll. Ansichten und Einsichten. Hrsg. von Marcel Reich-Ranicki. Köln/Berlin 1968, Kiepenheuer & Witsch, S. 196–197.

[8] (lat.): jemand, der nur aus Nützlichkeitsgründen handelt

(12) Siegfried Lenz: Sein Personal

[...] Ich glaube, die Literatur hat nichts von ihrer Funktion eingebüßt, zur Erkennbarkeit des Menschen in der Zeit beizutragen; zumindest die Möglichkeiten der Erkennbarkeit festzustellen. Es kommt ihr weniger darauf an, Fragen des Daseins zu lösen, als Fragen an das Dasein zu stellen. Um das zu tun, braucht ein Autor, der das Gesetz der Zeitlichkeit anerkennt, ein spezifisches, und das heißt: ein mehr oder weniger charakterisiertes oder charakterisierbares Personal.

Heinrich Böll charakterisiert seine Person knapp und – etwa im Gegensatz zu Proust, der Albertines auch auf tausend Seiten nicht habhaft wurde – endgültig. Delikate Identitätsprobleme werden nicht aufgeworfen. Böll macht seine Figuren erkennbar, indem er sich immer wieder dieser Charakteristika bedient: Haut, Zähne, Augen, Haar, Geruch; dazu verwendet er sanfte Farbvergleiche aus der Lebensmittelbranche. Die Gefühlsäußerungen sind reduziert auf starrsinnige oder lustvolle Trauer, auf kalkulierte Wut, auf Bitterkeit, Furcht, entschlossenen Grimm und einer Art wehender Angst.

Man weiß nicht nur, wie die Personen aussehen, man kann hier auch nahezu sicher sein, dass sie sich im Gedächtnis nicht verändern. Sie sind nicht Bewegung, veränderliche Sensibilität; die Personen Bölls beziehen ihre Wirkung vielmehr daraus, dass sie sich so intensiv dem Gedächtnis anvertrauen. Einmal kennen gelernt, empfinden wir sie auch weiterhin als Bekannte – was von einem gewissen Standpunkt natürlich auch gegen sie sprechen kann.

Aber indem er so konsequent auf der Umwandelbarkeit seiner Figuren besteht, will Böll uns ja zu verstehen geben, dass auch für ihre Trauer, Bitterkeit und Furcht kein Wandel bevorsteht. Und warum sollte ein Autor nicht das Recht haben, sein Interesse begrenzten und gewissermaßen verfügbaren Charakteren zu widmen? Mir scheint, dass die erreichte Tiefe einer einzigen Perspektive ebenso Aufschluss über den Menschen geben kann wie eine uferlose Folge von qualifizierten Beobachtungen, die zu einer kunstvollen Wahrscheinlichkeitsrechnung zusammengebunden werden.

In diesem Sinne erfüllen Bölls Figuren den Anspruch, den ich an das Personal eines Schriftstellers stelle: Nach einer geschlossenen Bekanntschaft mit ihnen wissen wir mehr über uns selbst. Man kann es auch Bereicherung nennen. Und solch eine Bereicherung können wir wohl kaum aus wissenschaftlichen Einsichten beziehen. Denn worin besteht sie? In der Entdeckung beispielsweise, dass wir einen bestimmten Schmerz heftiger als zuvor empfinden, in der Feststellung, dass unsere Trauer sich nuanciert, unsere Erbitterung sich Klarheit verschafft hat. Man fühlt sich aufgefordert, deutlicher zu leben.

Das Personal von Böll verpflichtet den Leser in unnachgiebiger Weise zur Zeitgenossenschaft; und Zeitgenossenschaft verlangt nun einmal die Deutlichkeit des Gegenwärtigen. Sein Personal macht uns wieder zu dem, was wir zwar seit langem sind, was wir uns jedoch aus Gleichgültigkeit oder Zaghaftigkeit nicht einzugestehen wagen: zu Mitwissern. Zu Teilhabern an einem Erinnerungsfonds, der uns mehr belastet als freispricht und der uns nicht nur an unsere vergangene Rolle erinnert, sondern auch an unsere gegenwärtige Aufgabe.

Aus: Siegfried Lenz, Sein Personal; in: In Sachen Böll. Ansichten und Einsichten. Hrsg. von Marcel Reich-Ranicki. Köln/Berlin 1968, Kiepenheuer & Witsch, S. 41–42.

(13) Rudolf Augstein: Der Katholik

[…] Nein, ich bin ein Leser Böll'scher Romane, wenn er Liebesgeschichten schreibt. Allerdings finde ich in ihnen, und das ist mir reichlich spät aufgefallen, Spuren jener Christlichkeit, die im Verhältnis zwischen Mann und Frau vielleicht nicht wäre, wenn es diese seltsame, riesige, tröstliche, grausame Blüte Christentum nicht gegeben hätte.

Wenn Religion heute das ist, was uns von christlichen Traditionen an Bruchstücken und Fetzen, Sprüchen und Bildern aus ehemals geliebten und für wahr gehaltenen Anschauungen herüberweht, so finde ich in Bölls Liebesgeschichten etwas, was mir selbst vollständig und ersatzlos, kalt und klar abhanden gekommen ist: Religion. Mir ging es von der Haut, mir ging es aus der Wäsche.

Dass es einen Gott gibt, der die Menschen zur Unauflöslichkeit der Ehe bestimmt hat, wer vermöchte das noch zu glauben? Aber dass seit dem Jahre Null im Zusammenhang zwischen dem einen Mann und der einen Frau Zartheiten, Bindungen und Leidenschaften vorstellbar, ja lebbar geworden sind, die keine Wirklichkeit desavouieren[9] konnte und die ohne Bibeltexte vielleicht nie gewesen wären, empfinde ich und hätte es ohne Heinrich Böll wohl nicht empfunden […]

Aus: Rudolf Augstein: Der Katholik; in: In Sachen Böll. Ansichten und Einsichten. Hrsg. von Marcel Reich-Ranicki. Köln/Berlin 1968, Kiepenheuer & Witsch, S. 104.

---

[9] (lat.): hier: verleugnen

(14) Carl Zuckmayer: Gerechtigkeit durch Liebe

[…] Dabei ist Heinrich Böll im besten Sinne das, was ich einen guten Bürger nennen würde – un bon citoyen. Und was kann ein Mann, der nicht parteien-, ideologien- oder phrasenhörig ist, Besseres sein? Gerade dies, der freie Bürgersinn, der in Deutschland so selten anzutreffen ist und leider nicht zum Selbstverständlichen gehört, ist es, was Heinrich Bölls Haltung für mein Empfinden besonders auszeichnet.

Denn Heinrich Böll, dessen erste Kurzgeschichten in den Jahren nach dem Zweiten Weltkrieg mich von allem damals Publizierten am meisten beeindruckten, weil sie mit dem ersten Federstrich die kraftvolle, männliche Natur, die sichere Hand, die hohe Verantwortlichkeit erwiesen, Heinrich Böll ist kein Revolutionär. Und erst recht nicht das Gegenteil. Er ist nichts, was zu sein man in irgendwelchen fort- oder rückschrittlichen Abendschulen lernen kann.

Er „kommt nicht los" vom Katholizismus, wie er selber sagt (mir geht es ähnlich), aber sein Christentum ist eher dem eines Urchristen oder eines frühen Benediktiners vergleichbar als dem eines verspäteten Nachbeters aus Konvention oder eines abstrakten Theologen oder gar eines „organisierten" Gläubigen.

Seine Religiosität ist wahre Weltliebe, Liebe zur Kreatur und Wille zu einer sittlichen und gerechten Weltordnung, auch jene trotzige Auflehnung gegen das Zerrbild des Schöpfers in der Verzerrung durch menschliche Unzulänglichkeit, wie sie immer den religiösen Menschen, der auch immer ein Streiter und niemals ein Beruhigter ist, kennzeichnete. Gott ist der, der sich immer wieder neu erschaffen muss, in den Menschen, in die er seinen Samen gelegt hat. Böll ist ja auch kein Konvertit, wie die meisten so genannten „katholischen Dichter", er kann noch beten, wie er als Kind gebetet hat, und er muss es tun, ob er will oder nicht.

Sein Werk, in seinen besten und nobelsten Produktionen, ist ein Gebet um Liebe und Recht. Oder: Gerechtigkeit durch Liebe. [...]

Aus: Carl Zuckmayer: Gerechtigkeit durch Liebe; in: In Sachen Böll. Ansichten und Einsichten. Hrsg. von Marcel Reich-Ranicki. Köln/Berlin 1968, Kiepenheuer & Witsch, S. 68–69.

(15) Carl Amery: Eine christliche Position

[...] Gehen wir als Erstes ein monumentales Missverständnis an. Böll schildert äußerst kritisch die Usancen und Zustände vor allem des westdeutschen Katholizismus, die menschlichen Deformierungen, die sich aus ihnen ergeben, und ihren tiefen und dunklen Zusammenhang mit dem großen deutschen Thema des Jahrhunderts. Da die Epoche grobe Frontbegradigungen liebt, wurde er dafür einerseits von der Reaktion als „Zersetzer" beschimpft und sogar einschlägiger oberhirtlicher Erwähnung gewürdigt, andererseits als Winkelried des innerkirchlichen Progressismus gefeiert. Beides ist sträflicher Unsinn und zeugt vom tiefen Verfall nicht nur des kritischen, sondern auch des historischen Denkens. [...]

Böll liebt die Freiheit; aber seine Freiheit ist nicht die des Citoyen, sondern die Freiheit des Christenmenschen und der Ur-Gemeinde im weitesten Sinn des Wortes. Diese Ur-Gemeinde, das archaische Gefühl der Liebe zwischen Menschen, sei es zwischen Mann und Frau oder zwischen den Brüdern im Geist, sieht er überwuchert und verrottet im Dschungel entfremdender Strukturen. Zu verwirklichen ist sie jeweils nur aufgrund einer örtlich oder zeitlich scharf begrenzten „Gnade“, christlich gesprochen, einem Dispens, der entweder kargen Schutz auf knapper Lichtung gewährt oder für eine Weile aus dem Dschungel herausgesprengt werden kann. […]

Bölls Groll gilt der angepassten, der bürokratischen, der smarten, auf „die Höhe der Zeit“ gebrachten Kirche. Er gilt denen, die überall dabei sein müssen; denen, die sich in einer bösartigen Gesellschaft, in den verlogenen Strukturen des bürgerlichen „Anstands“, aber auch in denen des verlogenen modernen Kulturbetriebs eingenistet haben, um irgendwie ihre Schäflein noch ins Trockene zu bringen. Da diese Tendenz das katholische Leben von heute und gestern in fast allen seinen Äußerungen überwuchert hat, da überall das Gefühl für die Realität der Ur-Beziehungen, das heißt für das Wehen des Geistes, verloren gegangen ist, wirkt dieser Groll radikal bis zum Anarchismus. […]

Aus: Carl Amery: Eine christliche Position; in: In Sachen Böll. Ansichten und Einsichten. Hrsg. von Marcel Reich-Ranicki. Köln/Berlin 1968, Kiepenheuer & Witsch, S. 120–121, 123–124.

(16) Wolfgang Hildesheimer: Die unbekannte Größe

[…] Aber mir kommt es in diesem Brief auf etwas anderes an, nämlich darauf, dir zu versichern, dass es anderswo andere Katholiken gibt, an denen du deine Freude hättest, Serviten, Dominikaner, Priester, Laien, die deinen zerrütteten Glauben an die Kirche zwar nicht wieder aufrichten würden – denn das wäre, angesichts des Papstbesuches in Fatima und ähnlicher Vorkommnisse wohl nicht mehr möglich –, die dich aber doch erkennen ließen, dass du mit deinen Ansichten nicht allein stehst.

Damit meine ich natürlich nicht den Typ des „modernen“ Katholiken, der seine Fortschrittlichkeit damit demonstriert, dass er den Minirock nicht verdammt, auch nicht den des ästhetischen Katholiken, der seine Kirche von Chagall ausmalen lässt, sondern Leute, die moralisch und sozial so weit engagiert sind, dass sie das Gute nicht nur wollen, sondern auch tun. Diese Leute findet man vor allem in der Kirche in Italien und, ich glaube, auch in Frankreich. Ich kann dir viele Namen nennen.

Das sieht so aus, als sei ich einer deiner Atheisten, die immer von Gott sprechen. Aber ich spreche nicht von Gott, ich spreche von bestimmten Gläubigen, ihr Gott geht mich nichts an. Ich spreche von praktizierenden Katholiken, von Priestern und Patres, ich spreche von einer intakten oder aktiven Linken, die nicht, wie in Deutschland, lahm oder labil ist. Da sie nicht hörig ist, ist sie zwar heimatlos, aber eben nur in ihren weltlichen Belangen.

Tatsächlich scheint mir ihre moralische Stärke darin zu liegen, dass sie sich keinen fluktuierenden[10] Richtlinien unterwerfen, sondern sich einem Geist verpflichtet fühlen, der sich nicht wandelt. Wenn man sie nach diesem Geist fragen würde, würden sie ihn vermutlich „Gott“ nennen, aber mich interessiert die Wirkung und nicht die Ursache. [...]

Aus: Wolfgang Hildesheimer: Die unbekannte Größe; in: In Sachen Böll. Ansichten und Einsichten. Hrsg. von Marcel Reich-Ranicki. Köln/Berlin 1968, Kiepenheuer & Witsch, S. 130.

[10] (lat.): schwankend, wechselnd

Rezensionen

(17) Erzählung für Erwachsene

[…] Böll macht aus dem Problem der Halbwüchsigen eine Anklage gegen die Welt der Erwachsenen und im Besonderen eine gegen die katholische Kirche. Er verurteilt nicht die christliche Ethik, wohl aber die Starrheit, mit der ihre Grundsätze vertreten werden, er verurteilt die Verzerrung und Verfälschung, die ihre Gebote im gesellschaftlichen Bereich erfahren. Es ist kein theologisches Anliegen, sondern ein gesellschaftskritisches, das Böll mit seiner Erzählung vorbringt. Seine drei Jugendlichen denken und handeln völlig unbefangen. Als Paul die Nacktheit des Mädchens sieht, findet er sie schön, er denkt nicht an Todsünde dabei.

Die Geschichte der drei Halbwüchsigen ist die Geschichte des Versagens der Kirche und der Eltern vor den Problemen der Jugend. Es ist schade, dass Böll keine Lösung andeutet, es ist schade, dass seine Vierzehnjährigen nicht auch wie Vierzehnjährige, sondern wie kleine Erwachsene reden. Dadurch bekommt die Erzählung etwas Unwirkliches, trotz der Aktualität des Themas und trotz der Treffsicherheit, mit der das Kleinstadtmilieu geschildert wird.

Gertrud Schwärzler

Aus: Panorama. München. April 1957.

(18) Eine Geschichte, die noch möglich ist

[…] Heinrich Böll erzählt die Geschichte, die in unserer Literatur Bestand haben wird, atemberaubend. Man spürt die Feineinstellung eines Bewusstseins, das auf genaue Differenzierungen und zugleich sublimste Verdichtung aus ist. Wie auf einer Silberplatte hat Heinrich Böll die Bewusstseinslage unserer Jugend festgehalten und transparent gemacht. Was in Deutschland im Allgemeinen unter dem Prädikat christlicher Literatur angeboten wird, bewegt sich meist in einer edlen, keimfreien und wirklichkeitsfremden Welt. Diese Phalanx[11] hat Heinrich Böll in eindrucksvoller und vorbildlicher Weise durchbrochen. Zwar wird es nicht an Leuten fehlen, die wie im Falle Graham Greenes[12], diesem Buch katholischen Nihilismus

[11] Phalanx: Sinnbild für einen einmütigen Widerstand
[12] Green, Graham: Zeitgenössischer englischer, katholischer Erzähler

nachsagen. Ihnen sei erwidert, dass es sich in Wahrheit um die Entlarvung einer nihilistischen Situation und deren illusionslose Überwindung handelt.

Peter Hornung

Aus: Kölnische Rundschau. Köln. 26. Mai 1957.

(19) Unbewältigte Wirklichkeit

In seinen besten erzählerischen Stücken gelingt es Heinrich Böll, die Wirklichkeit so genau und farbig darzustellen, dass sie für den Leser unversehens durchscheinend wird. Auch Bölls neue Erzählung „Im Tal der donnernden Hufe" hat Stellen, die durch ihre sprachliche Kraft faszinieren. Der Anfang etwa - ein Vierzehnjähriger wartet vor dem Beichtstuhl - fesselt durch die klare, bildhafte Darstellung und führt unmittelbar in die Probleme der Reifezeit hinein, um die es geht. Aber der heiße Sonntagnachmittag, in den die Handlung eingebettet ist, scheint auch den Erzähler zu lähmen: Die Form entgleitet ihm und er rettet sich ins Formale.

Schon in Bölls letzter Erzählung „Das Brot der frühen Jahre" wurde die ursprüngliche Farbigkeit des Stils hin und wieder ersetzt durch ein bewusstes Spielen mit Farben. Was dort vor allem mit Grün und Rot geübt wurde, wird jetzt mit Rot und Weiß exerziert: Immer von neuem wird das Weiß (der Tugend, der Reinheit, der Unschuld) konfrontiert mit dem Rot (der Sünde, des Blutes), und das wird so weit getrieben, dass dem Farbenspiel zuliebe sogar die Arme von Fabrikarbeiterinnen weiß und alte Fotografien dunkelrot sein müssen. Doch nicht nur in den Farben presst Böll die Wirklichkeit in ein vorgeformtes, auf Bedeutung hin angelegtes Schema. Auch mit verschiedenartigen Requisiten - einer Abendzeitung etwa - versucht er Herr über die Realität zu werden, die er aber trotz aller Anstrengung nicht in den Griff bekommt. Das zeigen manche überzogenen Sprachbilder („Im Hirn turnten die Dogmen des verlorenen Glaubens weiter"), das zeigen auch einige Flüchtigkeitsfehler, die sich ein Erzähler nicht leisten kann, der wie Böll der Wirklichkeit intensiv im Einzelnen nachspürt (innerhalb von einer Viertelstunde wird Pflaumenmus „hart wie Kuhfladen"), und das zeigen auch die „auf lässig" getrimmten Dialoge. Dass Böll die Wirklichkeit in dieser Erzählung nicht bewältigt, dürfte seine Ursache aber weniger in den stilistischen Manieriertheiten[13] haben als darin, dass die Zeit - und deshalb die Sprache - nicht stimmt.

Diese Erzählung ist - etwas krampfhaft mit dem Schlagzeilen-

[13] Manieriertheit: hier: Gekünsteltheit, Übertriebenheit

Namen Chruschtschew - an die Gegenwart oder die jüngste Vergangenheit fixiert. Tatsächlich aber sprechen und empfinden und handeln hier nicht Vierzehnjährige der Jahrhundertmitte, sondern junge Menschen, die ihre Reifezeit im historischen Vorgestern erlebten, eingeklemmt zwischen Jugendbewegung[14] und Spießermoral und Freud[15]. Gewiss hat sich von all dem manches bis auf den heutigen Tag erhalten, und gewiss gibt es noch hier und dort junge Menschen (und Eltern) wie Böll sie schildert. Sie stehen dann aber anders in und zu der Wirklichkeit als diese Jungen und Mädchen, die als Kinder einer bürgerlichen Welt geschildert werden, welche nach 1945 trotz aller Bemühungen so nicht wiederhergestellt werden konnte. Nach Bölls Formulierungen für die Ehe in unserer Zeit („Und sagte kein einziges Wort"), die vaterlosen Kinder und die Witwen in unserer Zeit („Haus ohne Hüter"), die Liebenden in unserer Zeit („Das Brot der frühen Jahre") hat er mit der Erzählung „Im Tal der donnernden Hufe" die Not der Reifenden in unserer Zeit darzustellen versucht. Aber die Wirklichkeit, die Gegenwart hat sich ihm entzogen.

Kay Hoff

Aus: Rheinische Post. Düsseldorf. 17. August 1957.

---

[14] Jugendbewegung: eine Erneuerungsbewegung Jugendlicher in Deutschland etwa von 1910 bis 1933

[15] Freud, Sigmund: österreichischer Nervenarzt (1856–1939), begründete die Psychoanalyse, eine Richtung der Psychologie, die sich unter anderem mit unbewussten Triebvorgängen beschäftigt

Über Zärtlichkeit sprechen

(20) Aus einem Unterrichtsgespräch (Hauptschule 8. Schuljahr/Protokoll)

MARTIN: Ich find das Verhalten von den beiden komisch. Zunächst will sie ihm die Brust zeigen und dann heult sie.

KARSTEN: Mit dem Jungen ist das auch nicht viel anders. Ich versteh überhaupt nicht, wovor der Angst hat.

BERND: Ich versteh das schon.

KARSTEN: Wieso? Weiß doch heut jeder, wie die aussehen. Kannste doch auf Illustrierten sehen. Und in ‚Bravo' sind doch auch genug Bilder.

BERND: Das ist doch was anderes!

KARSTEN: Wieso denn?! Die seh'n doch alle gleich aus.

ANNE: Du spinnst ja. Ich versteh Bernd. Es ist doch was anderes, ob du ein Bild siehst, ein Foto oder so was, oder ob du das bei deiner Freundin siehst.

BERND: Genau das mein ich. Wenn ich das auf einem Bild seh, na ja, dann ist das so'n Reiz. Du weißt schon. Aber wenn ich das bei meiner Freundin seh, dann ist das eben nicht nur Sex und so, sondern …

KARSTEN: Sicher ist das Sex. Was soll das denn sonst sein?

ANNE: Deine Freundin möcht ich auch nicht sein!

KARSTEN: Dich will ich auch nicht zur Freundin haben. Musst ja sowieso immer deine Mami fragen.

BEATE: Lass den doch! Der hat ja keine Ahnung. Aber ich würd auch meinem Freund nicht so einfach … also ich mein, dann müssten wir uns schon länger kennen.

Fotos: Peter Zündorf, Köln 90

GABRIELE: Die kennen sich doch schon länger.

BEATE: Schon. Aber ich mein, dann müsst ich den besser kennen. Der müsste wirklich mein Freund sein.

ANNE: Mein ich auch Beate. Zeigen ist komisch.

GABRIELE: Das ist ja nicht einfach ‚Zeigen'. Die beiden mögen sich eben.

Martin: Eben! Darum find ich das ja komisch, dass die heult. Wenn die sich schämen würd, könnt ich das verstehen.

GABRIELE: Vielleicht nimmt die das so unheimlich ernst. Ich mein, das ist eben nicht so'ne Spielerei.

ANNE: Da steht ja auch nicht, dass sie heult, sondern da steht: „Ihre Tränen kamen ganz plötzlich, lautlos, ohne Ankündigung, ohne Getue. Sie liefen einfach die Wangen herunter."

GABRIELE: Die hat eben Angst, weil sie das so ernst nimmt. Die mag den so sehr, dass sie das tut.

ANNE: Steht ja auch da. „Ich habe Angst", sagte sie, „du nicht?"

BERND: Die hat Angst, weil sie nicht genau weiß, ob er das auch so ernst nimmt.

ANNE: Aber er hat auch Angst. Beide haben irgendwie Angst. Sie wissen wohl nicht, wie das ist.

MARTIN: Das stimmt. Er weiß nicht, wie das ist.

GABRIELE: Darum lachen auch beide, als es vorbei ist.

BEATE: Ich mein, die beiden sind froh, weil es so schön ist.

ANNE: Genau das sagt er auch. Aber es ist schon irgendwie komisch. Ich versteh nicht, warum er immer wieder ‚es' zu den Brüsten des Mädchens sagt.

GABRIELE: Vielleicht traut er sich nicht. Wir reden ja auch immer darum herum.

...